D1513221

LA PERRUCHE QUI MIAULAIT
RÉCITS ZOOBIOGRAPHIQUES

Catalogage avant publication de Bibliothèque et Archives Nationales du Québec
et Bibliothèque et Archives Canada

Desrosiers, Sylvie. 1954-

La perruche qui miaulait - Récits zoobiographiques

ISBN 978-2-923194-62-2

1. Relations homme-animal - Anecdotes. 2. Desrosiers, Sylvie, 1954-   . 3. Animaux familiers - Aspect psychologique. 4. Animaux familiers - Emploi en thérapeutique. I. Titre.

QL85D47 2008   590   C2007-942441-4

Éditeur déléguée :
JACINTHE LAPORTE

Illustrations :
SYLVIE DESROSIERS ET THOMAS DESROSIERS

Infographie et Couverture :
YANNICK FRÉCHETTE

Révision :
VÉRONIQUE FOREST

L'éditeur bénéficie du soutien de la Société de développement
des entreprises culturelles du Québec (SODEC) pour
son programme d'édition et pour ses activités de promotion.

L'éditeur remercie le gouvernement du Québec de l'aide financière accordée
à l'édition de cet ouvrage par l'entremise du Programme de crédit d'impôt
pour l'édition de livres, administré par la SODEC.

Nous reconnaissons l'aide financière du gouvernement du Canada par
l'entremise du Programme d'aide au développement de
l'industrie de l'édition (PADIÉ) pour nos activités d'édition.

Dépôt légal – 1er trimestre 2008

ISBN 978-2-923194-62-2

Imprimé et relié au Canada
Les Éditions

LA PRESSE

Président
ANDRÉ PROVENCHER

Les Éditions La Presse
7, rue Saint-Jacques
Montréal (Québec)
H2Y 1K9
1 800 361-7755

Sylvie Desrosiers

LA PERRUCHE QUI MIAULAIT
RÉCITS ZOOBIOGRAPHIQUES

Les Éditions
LA PRESSE

AVERTISSEMENT

Les noms des personnes
dont il est question dans ces
récits ont été changés, mais
pas ceux des animaux: ils
ne me poursuivront pas en
justice, eux.

Wooshi

Avant-propos

WOUF! MIAOU! ALLO TOI!

La vieillesse a eu raison de mon chien, la teigne a eu la peau de ma chatte, et le minou de dehors vient d'assassiner ma perruche. Il ne me reste que le lapin et les poissons rouges. La maison est tristement vide. Oui, j'y suis, avec mon fils bien-aimé, Thomas. Mais le silence vient de faire son entrée dans mon univers qui a toujours été grouillant, vivant et sale.

Je m'ennuie des ronflements de vieux chien de Mozart, du poids si léger au pied de mon lit de ma si distinguée chatte Rose, et du «Ça va toi?» de Chimi, «le» perruche, qui m'accueillait tous les matins lorsque je descendais à la cuisine. Je m'ennuie de cette vie mouvementée (plutôt dormante dans le cas du chien), des allées et venues, des promenades quotidiennes, du rentre-et-sort-mille-fois-par-jour, du «Dépêche-toi!» de Chimi dont c'était la nouvelle acquisition langagière, car c'est ce que je répète cent fois à Thomas pour qu'il ne soit pas en retard à l'école.

Dépêche-toi de quoi en fait, Sylvie? De les nourrir, ces animaux, ce qu'ils attendent principalement et essentiellement de toi (ne pas trop penser à ça, car ce qui importe, c'est bien sûr le lien et l'âââ-mour); de les sortir pour faire de l'exercice même dans la tempête; de nettoyer les traces de pattes sur le plancher, le tapis et la nouvelle douillette blanche de mon lit (quelle erreur!); de les flatter, de leur parler, de les rassurer quand éclate l'orage et qu'un vent de panique s'installe dans le monde animal; de brosser bêtes et sofas; de changer la litière avant que le copain allergique arrive; de ramasser les besoins dans la cour avant que les amis viennent jouer au soccer ou à Donjons et Dragons; de soupirer devant mon chandail noir préféré parsemé de poils blancs ou beiges définitivement collés au tissu; d'aller claquer les mains dans le jardin pour arrêter la bataille de chats qui rôdent autour parce que – oh! Faiblesse – je les nourris de temps en temps; de sortir en pyjama l'hiver et de pester contre la mangeoire gelée que je veux remplir de graines, car une cinquantaine d'oiseaux pitoyables (me semble-t-il) attendent dans l'arbre et me regardent avec insistance depuis une heure par la fenêtre de la cuisine; de courir acheter de la nourriture avant que la ménagerie me bouffe, moi; de donner de l'eau à l'oiseau que j'ai oublié depuis plusieurs jours et qui me fait signe en venant atterrir directement dans mon café; et, accessoirement, de travailler pour nourrir l'arche de Noé qu'est devenue ma maison, en plus de ses habitants humanoïdes qui réclament à peu près les mêmes soins (sauf pour les besoins dans le jardin).

Il y a des jours où je les aurais tous donnés en adoption. J'aurais ouvert grandes les portes pour que chacun trouve son arbre, son terrier ou une autre maison.

Aujourd'hui, je m'ennuie.

« Dépêche-toi donc d'écrire ce livre ». Voilà ce que ma perruche me roucoule encore à l'oreille. « Dépêche-toi car qui sait? Et si c'était ton dernier livre, de quoi, de qui voudrais-tu parler? Qu'aurais-tu vraiment envie d'écrire avant de mourir? »

J'ai envie de parler de vous.

Alors, allons-y.

Mais attention: il n'est pas question aujourd'hui de repeupler la chaumière! Non, non et non! Déjà que je me retiens à douze mains d'acheter un cheval! Qui, parlant de mains, mesure 15 ½ mains, a vingt ans, est toute noire… C'est assez!

Je dédie donc ce livre à tous ces animaux qui, bien que j'aie pu être négligente et irresponsable envers eux plus d'une fois, ont gaiement peuplé ma vie.

En particulier à Mozart, mon vieux chien, qui a fidèlement partagé mes jours les plus sombres, les plus noirs, les plus désespérés et qui m'a carrément tenue en vie, à bout de pattes.

Chapitre 1

« NE ME QUITTE PAS ! »

Poppy

AH NON! PAS UN CHIEN!

28 août 1955. Une petite rue tranquille aux rares voitures du faubourg Sainte-Marie. Un rez-de-chaussée avec cour en terre battue où habite une famille-type, un père, une mère enceinte de son troisième, la fille aînée et la deuxième, moi.

Pour mon premier anniversaire, ma marraine débarque avec le cadeau idéal : un chien. Plus précisément un chiot que ma mère – catastrophée, mais polie – devra élever, et à qui elle devra apprendre la propreté en même temps qu'aux enfants qui, eux, portent des couches au moins.

On ne ferait plus ça de nos jours : offrir un chiot sans consulter les parents. Non, on ne le fait que dans les publicités de Noël, dans lesquelles tout le monde est content puisque le chien est juste loué pour la journée. Un chien, ce n'est pas une poupée : elle prendra le bord d'un placard dans le sous-sol, il finira à la SPCA.

C'est ainsi que lors de cette journée de fête, une mignonne petite femelle épagneule toute noire et frisée a fait son entrée dans notre royaume, pauvre, catholique et décoré de pépères fumant la pipe dans des chaises berçantes, et où se côtoyaient agents de police, voleurs de caps de roues, prêtres à la main baladeuse, formidables honnêtes gens, en plus de quelques futurs diplômés, ainsi que d'un bassin inépuisable de future clientèle de séjours de courte durée en prison.

Bien sûr, je ne peux pas avoir de souvenirs de cette période. Et pourtant il me semble que si. Les histoires qu'on m'a racontées, les images fugaces que j'attrape au vol un instant m'apparaissent comme autant de morceaux de réalité.

J'avais donc une soeur aînée, mais Poppy était MON chien. De toute manière elle n'a jamais aimé les animaux. Contrairement aux humains qui mettent un temps fou à ne pas vouloir s'apercevoir qu'on les déteste, les animaux savent tout suite quand on ne les aime pas ; et habituellement ils se jettent littéralement sur celui ou celle qui les a en horreur. Je suis certaine que c'est exprès, pour leur donner froid dans le dos et pas du tout pour les soi-disant amadouer. À moins que, tristement, comme nous, ils fassent l'erreur de perdre leur temps à essayer de prouver à ceux qui les méprisent qu'ils sont aimables, au lieu de chercher à côtoyer ceux qui les aiment franchement. Mais je les crois beaucoup plus intelligents que ça!

Revenons donc au rez-de-chaussée de la rue Rouen. La vie s'y déroule, sinon paisiblement du moins dans les normes : le samedi, c'est le hockey, le lundi le lavage, et le reste du temps, c'est la course. Le soir, la lumière mauve du pilote du chauffe-eau sert de veilleuse et rassure les filles dans leur chambre. Sous mon lit, ma Poppy, tous les soirs.

***

La table de cuisine est en métal et en formica marbré gris. Un après-midi, je suis allongée dessus. Je suis très, très petite car ma mère est en train de changer ma couche. Elle s'éloigne de la table pour aller chercher je ne sais quoi dont elle a besoin, une épingle de sûreté probablement. Deux secondes d'inattention. Deux de trop. Bang! Sur le prélart du plancher, le bébé! «Ton crâne a fait crack!» m'a dit plus tard ma mère. Premier accident, première fêlure, (raison pour laquelle je serais devenue écrivain, me répète-t-on à la blague depuis toujours. Je n'en peux plus!) et premier séjour à l'hôpital d'une longue série, qui a ponctué ma vie. Une semaine. Une éternité pour un chien.

Les animaux vivent dans le présent, ce que nous mettons toute une vie à apprendre à faire. Poppy a vite réalisé que je n'étais plus là; elle devait donc attendre que je revienne. Attendre dans le sens entier du mot car c'est ce qu'elle a fait, et seulement ça. Pendant toute la durée de mon absence, elle est restée couchée sous mon lit, n'en sortant que pour ses besoins.

Il fallait la nourrir là, y glisser sa gamelle. On avait beau l'appeler, rien n'y faisait : elle ne bougeait pas. La tête entre les pattes, elle soupirait et dressait l'oreille quand la porte s'ouvrait puis, déçue, reposait mollement sur le plancher sa petite tête soyeuse et si chaude, là, sous ses oreilles pendantes qu'elle adorait se faire gratter, penchant la tête de côté, geste qui signifiait «encore!». Elle attendait l'enfant que j'étais, sa petite compagne. Elle s'ennuyait d'une toute petite fille qui ne devait pas encore pourtant lui donner grand-chose, quelques caresses, un peu de babillage, c'est tout. Je devais certainement serrer souvent ma Poppy contre mon cœur, plongeant mon nez dans son poil, comme je le faisais avec mon chat en peluche gris qui ne me quittait jamais, chat dont on tournait la queue pour en tirer de la musique.

C'est ça, un chien. Ça s'attache à vous et vous êtes tout pour lui : son univers, son ami qui lui refile de la nourriture du haut de sa chaise haute, son maître qui répète cent fois de suite « couche » juste pour s'amuser, son magicien qui sait faire s'ouvrir les portes, sa chaleur bienveillante quand votre petit corps se colle au sien dans le lit, le bras autour du cou qu'il serre un peu trop parfois mais ça n'a pas d'importance tant que votre respiration régulière souffle de la tendresse brute toutes les trois secondes. Il partage cet amour et veille sur votre solitude toute jeune.

Un chien se fond en vous, se calque sur vous et finit par devenir vous. Regardez un chien et vous verrez la bête qui lui sert de maître. Vous en apprendrez long, juste le temps d'une promenade. À quelques différences près : il vouera sa vie à vous faire plaisir jusqu'à épuisement, (le sien), à essayer de vous comprendre et déchiffrer votre humeur – avant même que vous sachiez vous-mêmes comment vous vous sentez – bref, à vous donner.

Mon fils a appris à marcher avec Loulou, la chienne Golden de sa gardienne. Il s'agrippait aux poils de son dos et elle avançait dans la pièce prudemment et lentement, suivant le rythme de Thomas. Loulou savait très bien ce qu'elle faisait et avait conscience qu'il se ferait mal si elle changeait sa démarche. Il arrachait son poil, lui faisant mal, mais elle ne montrait aucun signe d'impatience ou d'agacement : elle apprenait à un chiot à deux pattes à marcher, lui donnant tout le temps dont il avait besoin, s'ajustant à lui. Moi, avec Poppy, j'ai d'abord appris à courir.

Il ne me reste qu'une photo de ma chienne. Mais sur toutes les autres, elle est là, représentée par le bobo obligatoire sur les genoux que j'ai arboré fièrement jusqu'à l'âge de huit ans, bobo particulièrement large et orange (à cause de mercurochrome) la veille de mon spectacle annuel de ballet. C'était le désespoir du prof et de ma mère, qui savait que ma grand-mère viendrait me voir.

Chaque année mon professeur me mettait en garde : « Ne cours pas, ne tombe pas, ne promène pas ton chien de tout le mois de juin! ». Chaque année, le bobo était plus spectaculaire que celui de l'année précédente.

À cette époque antédiluvienne, promener son chien en laisse n'était pas du tout obligatoire : on avait bien compris que les enragés se promenaient plutôt sur deux pattes molles, droit sortis de la taverne. Plus particulièrement dans le royaume qu'était notre ruelle, les enragés étaient personnifiés par un ogre et sa sœur de l'enfer, hantant le balcon de la cour d'à côté et qui nous empêchaient de récupérer notre ballon lorsqu'il atterrissait chez eux. Mais enfin.

Je me mettais tout de même parfois en tête de promener Poppy au bout d'une corde. Moi, peu habituée et elle, sachant que je n'avais pas de muscles, de poigne et de contrôle dignes de ces noms, ma sœur à crocs m'entraînait dans un parcours à obstacles de niveau olympique. Elle faisait comme si de rien n'était, tirait trop fort, courait trop vite, sautait trop haut, reniflait en zigzaguant, changeait brusquement de direction, nous enroulant alors autour d'un poteau d'électricité ou de téléphone, ou autour d'une borne-fontaine, disparaissait ensuite par un trou béant juste assez grand pour elle derrière la multitude de clôtures délabrées, qui donnaient au quartier son homogénéité.

Je tombais, me râpais la paume des mains, les coudes, les genoux, les joues, je perdais la laisse, courais derrière Poppy, retombais en m'enfargeant dans les pissenlits chétifs qui perçaient l'asphalte, je figeais d'horreur en voyant ma chienne traverser tout bonnement la rue devant une voiture qui approchait, mais les voitures freinaient toujours; dans mon quartier, elles frappaient plus souvent les enfants que les chiens, car il y en avait pas mal plus.

Dehors, c'était comme si je n'existais plus pour elle qui aimait mieux les pipis de chien, d'enfants et de gars saouls que mon odeur aigrelette de petite fille en attente de son bain du vendredi. Nous finissions par rentrer ensemble à la maison, elle se ruant sur son bol, moi, traînée immédiatement par ma mère vers la salle de bain où m'attendait la brûlure du désinfectant.

Poppy était de tous mes jeux, de tous mes jours, là.

Je ne l'accompagnais pas à chacune de ses promenades. Souvent, Poppy sortait seule et allait vivre sa mystérieuse vie de chien. Elle demandait la porte, on la lui ouvrait tout simplement. Elle sortait, traversait notre cour et disparaissait vite dans la ruelle, les oreilles battantes au rythme de ses pas sautillants. Jusqu'où allait-elle? Quelles étaient les limites de son royaume ? Quels signes, quel tic-tac intérieur lui donnaient l'ordre de rentrer? Le fait est qu'elle n'étirait pas indûment ses heures de liberté et qu'elle revenait régulièrement de ses pérégrinations dans le voisinage enceinte d'au moins huit chiots.

« Pas encore! » se lamentait ma mère, elle-même enceinte de jumelles, au moment de ce souvenir précis, quatrième et cinquième filles de la maisonnée. Il y a près de cinquante ans maintenant, on ne stérilisait pas les animaux. Tout comme les femmes, les femelles allaient et se multipliaient avec la bénédiction de l'Église, les unes sous la menace de l'enfer, les autres sous la dictature de la nature (ce qui, vous en conviendrez, est légèrement moins lourd).

Le petit ventre rose à travers les poils noirs de Poppy enflait à vue d'œil et les mamelles gonflaient. Bientôt, je tapissais une boîte d'une vieille couverture, impatiente de voir arriver les petits. Poppy s'y couchait, calme, et ses yeux bruns se fermaient à chaque passage de ma main sur sa tête, puis sur son corps où on pouvait voir, si on était chanceux, le mouvement d'une patte ou d'une tête derrière la peau tendue. Je ne l'ai jamais vue accoucher. Un matin, les chiots étaient là, tétant, collés les uns aux autres, tremblant sur leurs minuscules pattes incapables de les supporter, rampant à l'aveugle vers la chaleur enveloppante de leur mère.

C'est là que mon père intervenait: il noyait dès la naissance la majorité de la portée, n'en gardant que deux, à cause du lait. Ce geste m'inspirait de la terreur et me paralysait; s'il pouvait être à ce point froidement cruel, de quoi d'autre serait capable mon père? Je suis certaine que Poppy se posait la même question…

Il lui restait donc deux petites boules, des fois noires, des fois café-au-lait, des fois on ne savait pas trop. Il n'y avait pas de mots dans notre vocabulaire pour les décrire et je crois qu'aujourd'hui il n'y en aurait pas non plus : ma chienne s'était toujours accouplée avec quelque chose qui n'avait certainement qu'une très lointaine et très vague parenté avec les champions de beauté de concours canins. Je revois les petits museaux, les yeux fermés, les pattes de poupées si douces, le poil bien lisse sur les têtes et les corps tout ronds et je suis heureuse d'avoir pu en tenir tant, de ces chiots. Tous les enfants devraient avoir accès à une portée, devrait avoir le privilège – car c'en est un – et le plaisir de prendre dans leurs petites mains une créature si fragile, si émouvante, comme eux en somme. Je les ai tous cajolés, caressés et embrassés, ces bébés, en même temps que leur mère. Et l'odeur de nouveaux-nés, de lait, de derrières sales lavés par la longue langue de Poppy, de la couverture qui tapissera la boîte de naissance jusqu'au départ des petits, restera gravée dans la section de ma mémoire qui contient les souvenirs des petits bonheurs. Petits bonheurs qui refont vite surface si on a l'inspiration de se les rappeler quand tout autour de nous n'est que noir et sombre. Ce qu'on a vécu, ressenti avec un animal ne nous quittera jamais.

Sept ans de petits bonheurs avec ma chienne adorée.

Arriva ce qui devait arriver : je suis entrée à l'école. Comme moi, Poppy a dû s'habituer au nouvel horaire. L'école était située juste de biais avec notre logement, de l'autre côté de la rue. Avec la régularité de l'horloge et de la lourde cloche dans la main de la sœur assistante que nous avions surnommé « Pingouin » sans aucune marque d'affection, Poppy venait me voir à l'heure de la récréation. Elle m'attendait à l'entrée de la cour d'école, petite silhouette sagement assise au-delà de la clôture, sachant que ce territoire lui était interdit. J'allais la voir, la caresser, lui parler; en cette première année de primaire, je n'avais pas d'amies et je passais ces 15 minutes d'air frais avec ma chienne.

Elle revenait me chercher à midi, trottait à côté de moi jusque chez nous. Tous les jours. L'après-midi, elle revenait à la récréation, puis elle m'attendait à la maison à la fin de la journée. En rentrant de

18

l'école, après avoir jeté dans l'entrée mon sac bien léger, mon premier geste était d'appeler Poppy qui me rejoignait, toute contente, excitée et prête à tout partager, les jeux, comme les devoirs, comme la télé à l'heure de Bobino. Tous les jours.

Puis, un soir, elle a grogné à mon approche.

Une autre chose qu'on ne faisait pas, c'était soigner les animaux. Cela coûtait déjà très cher de soigner les enfants en ces temps d'avant l'assurance-maladie et on ne les amenait voir le « docteur » que pour les urgences graves. On recollait soi-même tant bien que mal les coupures qui auraient nécessité des points de sutures, et le Vicks Vaporub soignait toutes les autres maladies.

Et puis.

Ce souvenir-là aussi restera gravé dans ma mémoire pour toujours, mais pas dans la boîte à bonheurs. Cette fois-là, en rentrant de l'école, Poppy n'est pas accourue à mon appel. Je l'ai cherchée partout.

– Où est-elle, maman?

– Elle est partie, elle était malade.

Une réponse courte et précise, le malaise dissimulé derrière un ton sec. C'était comme ça qu'il fallait faire face au malheur, sèchement. Plus la vie est dure, moins on pleure.

Je me souviens de la petite fille de huit ans qui s'est alors jetée sur son lit, en larmes. On n'avait pas le droit de lui enlever son chien! Puis, le blanc total. C'est souvent ainsi, pour moi : quand la tristesse et la douleur sont trop fortes, mon cerveau se ferme, ma mémoire renvoie la cause de ma tristesse dans un coin inaccessible à ma raison. C'est bien.

Mon chien était mon compagnon à moi, mon trésor, mon amie, mon seul véritable lien. Je ne me souviens pas en avoir eu un autre s'approchant même à cent années-lumière de l'intensité de celui-là, ni avec mes sœurs, ni avec ma mère, ni avec mon père.

La solitude et l'absence étaient là désormais. Elles sont apparues dans toute leur horreur avec le départ et la mort – terrible, on mettait les animaux dans une chambre à gaz – de ma Poppy. Je devrais dès lors composer avec elles.

C'est à ce moment-là aussi, ou à peu près, que la fillette n'a plus revu son cher chat en peluche musical qui avait perdu son poil, sa queue et sa musique depuis longtemps.

Chapitre 2

« D'ACCORD, MAIS JUSTE TOI »

La chatte sans nom

LA MÈRE AUX CHATS

Des gros, de tout jeunes, des mous, des musclés, des roux, des bigarrés, des tigrés, des noirs, des blancs, des laids, des adorables, des teigneux, des agressifs : j'ai tout ramassé ce qu'il y avait comme chats dans cette ruelle peuplée d'une faune très diversifiée avec les rats, les souris, les chiens errants, les enfants sales et le guenillou. On m'a d'ailleurs longtemps surnommée : la mère aux chats.

Je ramassais les chats comme d'autres des grenouilles, cette merveille de la nature créée spécifiquement pour offrir des journées de plaisir aux enfants et de repos à leurs parents. Pas un jour où, dans ma petite enfance, je n'en ramenais pas deux en même temps, un dans chaque bras, tenant serré l'animal sous les pattes de devant. Le corps, les pattes de derrière et la queue pendaient et traînaient presque à terre et les chats attendaient patiemment, sans jamais se débattre, qu'on les délivre enfin de cette posture inconfortable. À ce petit jeu, les mâles se prêtent plus volontiers que les chattes, plus nerveuses. Je ramenais des chiens aussi, souvent beaucoup plus gros que moi. Aucun ne m'a jamais mordue.

La même sempiternelle phrase accompagnait mon entrée dans la maison : « Maman, ils ont faim ! ». Ce n'était certes pas toujours le cas, mais c'était ma façon bien enfantine de trouver un argument pour les faire pénétrer chez nous.

Les chats étaient mes amis : faciles à soulever, doux, ronronnant. Peut-être que je trouvais auprès des bêtes la chaleur que les mères de cette génération ne donnaient pas; froideur égale pour tous. Qui donc les touchait, elles, d'ailleurs… Ce qu'on ne touche pas, ne nous mordra pas. Cependant, j'aime à penser que ce n'est pas le manque qui m'a fait aimer tant les animaux, mais bien une affection réelle pour ces êtres vivants que j'ai toujours considérés comme mes égaux, sans jamais que je ne me passe la réflexion. La première fois que j'ai entendu la question « les animaux ont-ils une âme? », je l'ai trouvée saugrenue. Les gens qui doutent de cette évidence ne doivent pas avoir d'âme eux-mêmes et, donc, ignorer ce que c'est!

Les chats rentraient, sortaient, au rythme des saisons, des

humeurs, de mes trouvailles, des ouvertures de porte, selon l'indifférence de mon chien et celle du félin du jour. Ma mère en avait déjà plein les bras, mon père s'en foutait, et je profitais des nombreux mouvements des troupes domestiques pour sauver de la faim, de la soif, de l'ennui et des griffes des petits gars Pépin, pour un jour du moins, tout ce qui ronronnait à l'intérieur du quadrilatère qui limitait mon univers.

Je me souviens de ce chat roux à l'esprit hautement coopératif ou aux neurones réduits au strict minimum (ça dépend comment on voit ça) qui se laissait courageusement déguiser en bébé, avec robe et bonnet, et trimballer en poussette tout autour du pâté de maison, écrasé sous une couverture, sans aucune velléité d'en sauter, comme si c'était naturel pour un chat.

Je me souviens de ce petit démon tigré rentré à l'époque de Noël «parce qu'il a froid dehors, maman». Chez nous, la décoration du sapin se faisait toujours dans la plus grande mauvaise humeur familiale et la phrase célèbre de mon père, «on a du plaisir!» proférée sur un ton menaçant, régissait l'atmosphère. Ce démon de chat, donc, n'a rien trouvé de plus malin que de sauter d'un bond prodigieux en haut de l'arbre vers la belle étoile brillante qui le couronnait. Il était là, agrippé aux branches, dans une fort mauvaise posture, et c'est totalement impuissantes que mes sœurs et moi l'avons vu, paniqué, tomber sur le dos en même temps que le sapin, lentement, au ralenti, dans un fracas de boules de Noël cassées. Mon père, toujours bien disposé devant une légère contrariété, a fait en sorte qu'on ne le revoit plus jamais.

Je frissonne encore en pensant à cet autre chaton qui, lors d'une de nos très rares absences, a eu la très mauvaise idée de faire pipi au beau milieu du lit de mes parents. Il n'y avait pas de litière dans la maison, je le comprends, mais il aurait été mieux inspiré de choisir mon lit à moi. Je n'ai jamais oublié avec quelle rage et quelle force mon père l'a agrippé, a ouvert la porte donnant sur la cour et l'a lancé dehors de toutes ses forces. Je le revois voler littéralement au-dessus de la cour – très profonde – au-delà de la ruelle, pour atterrir loin, très loin, dans l'autre ruelle, perpendiculaire, longeant la manufacture où nous jouions au ballon sur le mur. Mon père était donc capable de ça aussi. C'est le chat, cette fois, qui a décidé de ne plus revenir.

Et il y a eu cette chatte, à laquelle je n'ai jamais donné de nom, que j'ai ramenée comme les autres. Mais celle-là, ni mon géniteur ni personne n'ont jamais pu y toucher. Sauf moi.

C'était une chatte très ordinaire, tigrée, une chatte espagnole comme on appelait celles qui avaient au moins trois couleurs. Du tigre, elle n'avait pas que la couleur, mais aussi le caractère sauvage. Elle avait déjà dû en voir plusieurs, des enfants méchants légèrement portés à la torture, des hommes aux coups de pieds faciles, des femmes au « pchit! » haineux. Quiconque approchait sa main la voyait aplatir les oreilles, montrer les crocs, cracher, feuler, replier ses pattes, pencher la tête en tournant son corps en oblique prête à griffer, à bondir, ou à se sauver. Sauf avec moi. Personne n'osait risquer d'être défiguré en la mettant dehors, ce qui lui a valu d'être tolérée dans la chaumière.

Je m'asseyais sur le sofa gris du salon, mes pieds ne touchant pas encore à terre. Je l'appelais, elle venait, sautait sur mes genoux, se roulait en boule et s'endormait en ronronnant alors que je la flattais de la tête à la queue. Si quelqu'un d'autre tentait de s'approcher, la voyant si inoffensive, elle fuyait immédiatement et j'avais du mal à l'attirer de nouveau.

Cela me donnait évidemment une très grande valeur à mes yeux. On dit que les chats nous adoptent et pas le contraire – et je crois que c'est vrai. Elle s'abandonnait à moi, elle m'avait choisie. Elle me conférait sans le savoir une part d'importance, le sentiment si rare d'être unique, la plénitude d'être aimée juste pour moi. Mon petit cœur d'enfant grand comme la Voie Lactée battait au rythme de l'amour qui en sortait et de la confiance qui y entrait, un va-et-vient entre la certitude d'être utile, voire nécessaire, et l'assurance bénie qu'il ne nous sera fait aucun mal. Je ne représentais pas une menace. Ce n'est que plus tard que je comprendrais quelle menace j'ai représentée toute ma vie pour tant de gens, de par mon indépendance. Peut-être les animaux sont-ils les seuls à savoir que je ne ferais de mal à personne. Mais ce n'est pas faute d'en avoir envie parfois.

Cette chatte faisait sa vie de chatte, dehors, mais elle dormait dans mon lit. Puis, son ventre s'est mis à grossir, grossir, grossir. On pouvait voir les chatons bouger dedans. Je craignais qu'elle n'aille accoucher de ses petits dans une cachette lointaine : mais elle n'a jamais accouché.

Un jour d'été, un petit voisin est venu cogner à la porte moustiquaire : « Ta chatte est morte ».

J'ai couru dehors.

Devant la porte du garage de tôle ondulée, elle était étendue de tout son long, ne bougeait plus. Elle semblait avoir été aplatie par un fer à repasser, sauf pour son gros ventre. Trois gamins s'amusaient à arroser son corps avec des verres d'eau. Je me souviens les avoir chassés timidement. J'étais si timide que j'avais du mal à réagir devant les autres. J'étais figée, je ne comprenais pas ce qui arrivait. Puis, je suis rentrée.

Puis, plus rien. Son corps a disparu.

Aujourd'hui, je me demande encore si elle était vraiment morte, si je ne l'ai pas abandonnée là à une souffrance atroce. Comme je l'ai fait avec ce petit chat qui passait sur le trottoir et que j'avais appelé de la cour d'école : il était venu vers moi en traversant la rue et fut écrasé par une voiture. Il était strictement interdit de sortir de la cour : la peur de l'autorité l'emporta sur la compassion et je ne suis pas allée à son secours.

Ou comme avec Rosie, rapportée en douce des États-Unis, qui a disparu dans la forêt quand j'ai quitté le chalet que j'avais loué, et que je n'ai jamais retrouvée. J'aurais dû retourner là-bas plusieurs fois encore.

Ou comme avec ma Rose, ma belle Rose, ma chatte chérie, que j'ai dû faire endormir faute de pouvoir m'en occuper et de payer très cher pour les soins. C'est une autre forme d'abandon.

Je me sens encore coupable aujourd'hui. De cette culpabilité qui vous ronge l'intérieur comme une mite mange un mur, lentement, sûrement, jusqu'à la limite de l'effondrement. Coupable d'avoir trahi. Je demande à tous les chats du monde de me pardonner.

Quant à ma chatte sans nom, je me dis que oui, elle était vraiment morte; peut-être de n'avoir pas pu accoucher. Comme moi qui, plus tard, suis passée à un cheveu de mourir à cause d'une grossesse mal partie. J'ai eu plus de chance qu'elle.

Chapitre 3

« EMMENEZ-EN, DES FEMELLES! JE VAIS LES SÉDUIRE TOUTES »

Gaspard

MON TOUTOU EST UN CANARD

Pâques! Chapeau de paille, gants blancs et souliers de cuir « patent ». Journée de la robe neuve, des petits bas blancs et de la fête chez grand-maman où le chocolat coulera à flots, après quarante jours de carême, sans bonbons et sans desserts. On aura une messe de trois heures au moins, un *shortcake* aux fraises avec une montagne de crème fouettée, et, pendant nos plus jeunes années, des poussins. Des jaunes, des bleus, des roses, que nous avons si tendrement serrés dans nos petites mains pleines d'amour étouffant, littéralement. Dans leur boîte à chaussures servant de nid, on les plaçait près de l'unique bouche d'air chaud aux lattes de métal brûlantes et ils mouraient tous, l'un après l'autre, grillés par la fournaise et asphyxiés par les caresses.

Mais un jour est arrivé Gaspard, le canard. Cette force de la nature a traversé tous les obstacles climatiques et émotionnels, a survécu à notre amour et est devenu un canard adulte, au grand désespoir de ma mère et au pur ravissement de la sixième fille, l'heureuse propriétaire.

Moi, j'avais troqué le tutu pour les jeans, le maquillage et La Ronde, et les animaux qui m'intéressaient le plus portaient un signe de « *peace* » dans le cou. Mais j'étais conséquente puisque ma mère trouvait que mes amis avaient tous l'air « des animaux, avec leurs cheveux longs et leur barbe pas rasée; on voit juste leur nez qui dépasse, pis encore, des vrais singes! ». Bel adon, je devenais femelle moi-même et la fièvre de l'accouplement allait bientôt commencer à faire ses ravages. Le fait de raconter que j'avais un canard à la maison m'élevait quelques instants aux yeux des mâles au niveau d'une curiosité, avant que leurs yeux se posent sur autre chose que je prenais bien soin de cacher.

Gaspard était un canard tout à fait ordinaire, mais un animal domestique assez exceptionnel; nous avions de fait le seul canard de compagnie de tout le secteur! Nous venions tout juste de déménager, et avions monté la côte Sherbrooke, donc de rang social, grâce au décès de ma grand-mère. Mon père racheta la maison familiale à un prix dérisoire ce qui provoqua de facto une scission permanente avec une partie de sa famille.

Gaspard cancanait à la ronde son bonheur de canard bien nourri et propriétaire d'un grand logement agrémenté d'une véranda, dans Rosemont. Point d'étang dans le domaine de Gaspard, mais un bain et une cuvette de métal faisaient bien l'affaire. Nous étions huit à partager la même salle de bain, qui était incontestablement la pièce la plus occupée de la maison, non seulement à cause de sa fonction première, mais parce que c'était le seul endroit où on pouvait avoir un petit moment de paix et d'intimité. Nous la partagions donc aussi avec le canard.

Il était le chef incontesté de la maisonnée de sept femelles, ma mère et nous, les six filles, et d'un seul mâle, mon père, qui ne lui contestait pas une seconde sa place de mâle dominant. Pendant le repas, mon père lisait son journal sans nous accorder un regard et aspirait sa soupe à grand bruit : nous portions donc notre attention sur le grand maître aux pattes palmées, pour son plus grand bonheur. Pas une ombre sur le paradis de Gaspard qui semblait ne pas douter un instant que nous étions là pour le servir, l'aduler, et ramasser derrière lui : il s'était complètement identifié à mon père.

Un jour ensoleillé d'été montréalais, Gaspard profita d'une opportunité d'élargir son territoire grâce à la porte de la véranda laissée accidentellement ouverte. Il partit donc en exploration dans la ruelle.

Il allait se dandinant joyeusement, s'arrêtant devant un caillou, une porte de cour, une balle oubliée, un morceau de vitre cassée, quand ma mère s'aperçut de sa disparition.

– Gaspard, viens ici ! Viens ici tout de suite ! Gaspard ! Gaspard !

Le canard a un vocabulaire assez limité et le mot « viens » n'en fait pas partie. Il n'écoute pas de toute manière et c'est totalement horrifiée à l'idée de s'abaisser à courir après un canard, que ma mère se précipita dehors pour le rattraper. Évidement Gaspard n'avait aucune intention que cela arrive. Le « qu'est-ce qu'on va penser de nous autres ? » était une obsession maternelle largement répandue ; il valait mieux rester enfermé quand le jupon dépassait de la jupe.

Parler à son canard à l'abri de ses quatre murs allait toujours, mais pas devant les voisins. Encore moins crier après. Et moins encore, courir après.

Essayer d'attraper un canard, c'est un peu comme participer à une course au cochon graissé : dès que vous mettez la main dessus, il vous glisse entre les doigts. Enfin Gaspard.

Si vous n'avez jamais assisté à une course de cochons graissés je dois vous dire que c'est un régal! Le concept est fort simple : dans la boue se mesurent un être humain tout de blanc vêtu (pour un très court moment) et un cochon bien badigeonné d'un produit qui, dans ma tête, s'apparente à de la graisse à patates frites. L'humain, dont le temps est minuté, a beau se jeter sur lui (et de ce fait dans la boue), le cochon lui glisse toujours élégamment entre les bras. Dans cette joute, c'est le cochon qui gagne, la plupart du temps. Bref, il s'agit d'un spectacle tout à fait réjouissant.

Ma mère s'est donc élancée à la poursuite de Gaspard. Elle courait derrière lui, morte de honte, tous les habitants de la ruelle riant d'elle. Évidemment personne ne lui offrait de lui prêter main-forte et chacun préférait être spectateur. Ce n'est pas si souvent qu'on a l'occasion de se désennuyer en regardant une voisine en furie à la chasse au canard. Ça changeait de la sempiternelle chasse aux enfants.

À chaque fois qu'elle croyait enfin le tenir, hop! quelques coups d'ailes et il atterrissait juste à un pas de sa portée. Durant cette poursuite acharnée, ma pauvre mère, si digne, si classe et qui avait travaillé si fort pour se débarrasser de son accent du Lac Saint-Jean, le retrouvait soudain, de rage, à notre plus grand étonnement.

– Est pompée, la madame!

– À l'a encore échappé!

– Ça-tu de l'allure d'avoir un canard chez-eux!

– À va l'avoir, a va l'avoir!

Comme de fait, au bout de la ruelle, elle l'a eu. Elle fut la plus forte, comme toujours et en toutes circonstances. Elle le ramena sous son bras, le tenant solidement, probablement aussi solidement qu'elle le faisait en nous attrapant par la peau du bras quand on avait fait une bêtise et en pinçant de ses doigts d'aigles nos chairs maigres. Ça faisait vraiment mal.

– Ça a-tu du bon sens de courir après un canard en ville! J'ai eu l'air d'une vraie folle, marmonnait-elle en rentrant, essoufflée et rouge d'humiliation.

Comme on a ri d'elle nous aussi, immobiles devant le spectacle rarissime de sa quasi-perte de contrôle, elle a dû nous voir alignées dans le chaudron et nous faire rôtir en même temps que Gaspard.

Ma mère disait que l'agneau goûtait la laine, le gibier goûtait le sapin et le poisson, l'ammoniaque. Dans ce cas, c'était vrai, car on n'avait jamais de poisson frais dans le quartier, sauf quand un oncle pêcheur du Lac descendait avec de la ouananiche dans son « *cooler* ».

-Dans le canard, y'a quasiment rien à manger, disait-elle, donc ça doit goûter la plume! De toute manière, Gaspard était le canard de ma plus jeune sœur et il n'était pas question qu'il disparaisse. Le jour où il le fit, ce fut de son plein gré.

C'était un dimanche après-midi. Gaspard, comme un chien, faisait des ballades en auto – sans toutefois sortir la tête au vent – quand mon père, toujours d'humeur égale, ronchonnait qu'on allait faire un tour à la campagne et qu'on était mieux de « pas chialer dans la machine ». Ce jour-là, c'est chez une tante – riche car elle avait un chalet sur le bord du Lac Saint-Louis – qu'il a trimballé sa famille adorée. Gaspard n'était pas sitôt sorti de la voiture que, mû par l'instinct, il s'est éloigné vers l'eau, qu'il n'avait pas connue en ville, évidemment. Ma petite sœur n'eut pas le temps de le rattraper, qu'il s'y était jeté et nageait vers le large, comme tout canard qui se respecte.

Malgré les appels désespérés, il n'est jamais revenu vers la rive. Et c'est de la tristesse plein son petit cœur, que ma sœurette est rentrée en ville le soir même.

Gaspard avait filé pour aller s'imposer de nouveau comme chef suprême auprès de femelles, de son espèce, cette fois.

Chapitre 4

«ATTENDS QUE JE L'ATTRAPE, LE FACTEUR!»

Jinny

LE CHIEN LE PLUS LAID DE LA RUE

Elle avait suivi ma mère en revenant de l'épicerie. On ne l'avait jamais vue dans le coin, cette chienne, franchement pas belle : le poil jaune et caramel, rêche et hirsute; haute sur pattes mais de proportions bizarres; et un regard illisible. Nous étions encore imprégnées du passage récent chez nous du chien prénommé Martin, qui, pour sortir, avait trouvé une façon simple et infaillible sans avoir besoin de le demander : il s'élançait tout bonnement d'un bond puissant et passait au travers la porte moustiquaire. Il avait laissé un souvenir impérissable à la quincaillerie et à ma mère, qui avait juré que les animaux, c'était fini pour de bon.

Le fait est que cette chienne laide s'est assise sur le balcon et a attendu devant la porte qu'on la laisse entrer. Combien de temps? Je ne me souviens plus, mais assez pour que ma mère – probablement tannée de nous entendre le réclamer – lui ouvre notre *home*. Comment a-t-elle su que cette femme-là, cette maison-là l'adopteraient? Une fois entrée, elle n'est jamais repartie. Son instinct sûr l'avait bien guidée. J'aurais tant aimé avoir cet instinct-là; cela m'aurait évité bien des catastrophes sentimentales et des déménagements… Sur le chemin de la conscience, on délaisse peu à peu l'art de l'intuition. C'est une qualité des animaux que j'admire et que je leur envie souvent.

Cette chienne fut nommée JINNY, à cause de l'émission populaire, même si elle n'avait rien de la grâce du personnage de la série télé. Au lieu de sortir d'une bouteille, elle était sortie de nulle part, ce qui était tout aussi magique.

Je passais ma vie au CEGEP, brûlante de passions diverses, entre les créations collectives, les cours de philo donnés par des profs à peine plus âgés que nous dans des locaux enfumés par les cigarettes Gitanes, les patates-sauce de la cafétéria, et mes multiples emplois sur le campus comme téléphoniste remplaçante, courriériste et colleuse de timbres. Quand j'étais chez moi, c'était pour dormir et je n'ai rien qui vaille comme souvenir de ces années-dortoir à la maison. Sauf en ce qui concerne Jinny.

Elle était déjà adulte à son arrivée et nous avons rapidement découvert en elle une gardienne redoutable. Je crois que c'est ce qui explique sa longévité dans cette maison : on pouvait être tranquille, Jinny veillait. Elle protégerait jusqu'au sang sa meute, c'est-à-dire nous, ce qui était plus sûr que de laisser ça aux mains de mon père. Jinny s'est admirablement acquittée de sa tâche et, comme nombre de ses semblables, c'est au facteur qu'elle a laissé un souvenir impérissable.

Chaque fois qu'il mettait le pied sur la galerie, elle s'élançait vers la porte et jappait, grognait, montrait ses crocs imposants, bavait de rage devant l'intrus qui glissait le courrier du bout des doigts. Il les retirait à toute vitesse de peur que l'effroyable gueule réussisse à s'aplatir assez pour s'introduire dans la mince fente et à les lui arracher. Ma mère devait se précipiter sur les enveloppes qui tombaient sur le sol avant que la chienne ne les déchiquette complètement.

Ça se passait comme ça, au début. Le facteur déguerpissait toujours en sacrant. Puis, il n'a plus voulu s'arrêter chez nous. Ma mère ne détestait pas cette démonstration de force de sa chienne : comme ça, si jamais le facteur avait été malhonnête et avait eu envie de venir voler, il savait ce qui l'attendait. «On ne sait jamais à qui on a affaire», disait-elle, avec le ton entendu de celle qui sait combien le monde est rempli d'escrocs de toutes sortes. Mais, à cause de plaintes répétées, elle dut se résoudre à interdire l'accès du «portique» à Jinny sous peine de voir se pointer la fourrière.

Cette chienne avait SON fauteuil. Gare à qui voulait la déloger. Elle vous regardait vous approcher, immobile, l'air de vous demander nonchalamment : «Tu veux quelque chose?» Elle ne bougerait pas et on savait d'instinct – on en a, des fois – qu'il valait mieux aller s'asseoir ailleurs. De toute façon, après quelques années, personne ne voulait s'installer dans le fauteuil bien imprégné de l'odeur et du poil de sa propriétaire. Ainsi Jinny passait ses longues soirées au salon avec nous, membre incontesté de cette famille et haut placé dans la hiérarchie où chacun des chiots – nous – avions une place bien définie, ce qui allait plus tard en propulser quelques-unes chez un psy. Mais pas elle.

Quand elle était en chaleurs, Jinny était bien gardée par ma cerbère de mère. Il y avait eu assez de chiots dans cette maison! Mais, une fois, une seule fois, elle a échappé à sa vigilance. Le temps que ma mère accoure, elle était déjà bien soudée à un mâle qui n'était pas trop regardant. Quel attroupement cette séance a causé! Les enfants chanceux qui y assistèrent y trouvèrent certaines réponses à leurs questions secrètes tout en étant mystifiés par la position des chiens et envahis par la crainte qu'un jour, ils se retrouvent ainsi soudés à quelqu'un.

Une seule fois, donc. Mais douze chiots! Aussi mignons les uns que les autres. Devant les protestations véhémentes des filles habituées au massacre, mon père lui en a laissé huit, que nous avons pu tous donner car, étonnamment, ils devinrent tous de très beaux chiens. Jinny-Magie.

Une autre raison, sans doute aussi, qui lui a permis de couler une vie heureuse jusqu'à sa vieillesse et sa mort naturelle, c'est que ma mère l'aimait. Chaque matin, seule avec elle, avant notre lever volcanique ou après notre déjeuner d'adolescentes goinfres, elle étalait de la confiture sur une rôtie qu'elle coupait ensuite en quatre morceaux. Elle en donnait un à Jinny, prenait une bouchée de sa rôtie à elle, puis lui en donnait un autre et ainsi de suite. La chienne attendait patiemment et chacune croisait le regard caressant de l'autre. Je crois qu'elle apaisait ma mère.

Ce qui me reste de Jinny, finalement, c'est la découverte que ma mère pouvait être affectueuse. Découverte peu banale : un chien, ça vient chercher la partie de vous qui résiste. La plus tendre.

Chapitre 5

« C'EST L'FUN, LES CARESSES, MAIS QUAND EST-CE
QU'ON SORT LES CHIPS? »

Brocoli

L'ÂGE DE L'INNOCENCE
(DANS LE SENS DE MANQUE D'INTELLIGENCE)

C'est pendant le règne de Jinny que j'ai quitté la maison. 21 ans. J'ouvrais un chemin nouveau : je partais vivre avec un homme sans me marier et riant de l'Enfer. Pour mon départ dans la vie, j'ai reçu de ma famille une batterie de casseroles – des Creuset, c'est pas rien – et des verres incassables. Ces cadeaux m'ont suivie lors de mes mille déménagements, ruptures et nouvelles vies et ma foi, on devrait m'enterrer avec si je n'avais pas opté pour l'incinération après mon trépas.

J'emménageais alors avec mon amoureux qui, sans l'ombre d'un doute, serait l'homme de toute ma vie. Il m'avait conquise grâce à son intelligence, son humour, ses yeux pétillants et parce qu'il ressemblait à Georges Harrison. Tiens, je le nommerai Georges.

La vie d'adulte commençait donc dans un immense logement du Plateau au loyer ridiculement bas, dont les fenêtres avaient quatre pouces de plus d'un côté tellement elles étaient croches, dont le papier peint empêchait le plâtre de tomber, et dont les voisins d'en bas faisaient, à quatre, 12 de quotient, mais nous terrorisaient car nous venions de voir « *Deliverance* ». Mais on était chez nous. Je pouvais occuper la salle de bain des heures si j'en avais la fantaisie, écouter MA musique – Joni Mitchell et Steely Dan – et enfin m'endormir dans le silence, qui n'était troublé ni par la télé trop forte, ni par les chicanes.

Quelques semaines à peine après notre emménagement, nous avions nos premiers pensionnaires, deux chats, rejetons d'une portée surprise de la chatte siamoise de la cousine. Pourquoi surprise? Parce qu'ils étaient tigrés.

Boeuf et Brocoli, ainsi nommés de façon surprenante puisque Georges et moi détestions les mets chinois, aimaient se pourchasser à travers les huit pièces, traverser le corridor en trombe, manquant toujours la courbe de la pièce du centre; on entendait le « boingks » d'une petite tête frappant le cadre de bois du sofa, deux secondes de silence où le chat ou la chatte reprenait ses esprits, puis la reprise de la course folle.

43

Quand ils sont petits, les chats ne se formalisent pas trop de se cogner quelque part; en fait, ils découvrent qu'ils ont une tête, c'est toujours ça de réglé. Mais adultes, aïe! la honte. S'ils nous voient assister à leur lamentable accident, ils nous regardent l'air de dire: «ben quoi? Ça ne t'est jamais arrivé?». Le meilleur truc pour cacher son humiliation, c'est d'essayer tout de suite de faire croire à l'autre qu'il a dû faire bien pire. L'orgueil définit donc le chat de la même manière que l'être humain.

Nous avions tous des chats – Lady, Bonzo, Roland, Minette Noire, Omar – et pas d'enfants. Nous avions une carrière à développer, des œuvres à accoucher avant de vrais bébés. Nous transportions avec nous Boeuf et Brocoli qui ont eu le plaisir de séjourner dans les Laurentides, dans un chalet loué en gang à flanc de montagne, un chalet baromètre capable de signaler l'arrivée du printemps grâce à deux pieds d'eau dans les chambres du sous-sol. Quant à nous, nous avions le plaisir des miaulements de détresse, de peur, et de désespoir lors des voyages en auto.

On me jure qu'il y a plusieurs chats qui s'habituent à la voiture; pour moi, il s'agit d'une légende urbaine. Statistiquement j'aurais dû en avoir au moins un qui ne se formalise pas trop de la route. Je n'irais pas jusqu'à dire apprécier (pour ça, il faut un chien), mais enfin, un qui ne me saute pas dans le cou ou ne se faufile pas sous la pédale «à gaz». Mais non. La plainte du chat dans la voiture viendrait à bout de n'importe quel membre de la SPCA ou de l'association des sourds. Mais qu'à cela ne tienne! Nous les aimions, ils suivaient et on montait le volume de la musique au max.

– Y sent donc ben drôle, ce bois-là, dit un jour un invité au chalet en allumant le feu.

Ce n'était pas surprenant: pour litière, Brocoli avait opté pour la cendre bien froide d'un foyer au lieu de son bac.

La première fois qu'on l'a vue faire, Georges l'a attrapée par le haut du corps et l'a transportée vers la litière alors qu'elle dégoulinait de pipi sur le plancher et le tapis. Mauvaise idée et honte aux parents. Les autres chats savaient se tenir, eux. J'allais plus tard ressentir la même gêne lorsque mon fils de cinq ans entonnerait gaiement une chanson vulgaire à la table de sa tante de France pour faire rire sa cousine. La cousine a ri en effet. Pas sa mère ni son conjoint qui ont failli, polis, imploser d'indignation. Moi, j'ai tout juste pu empêcher mon fils de la chanter une deuxième fois en retenant un fou-rire pour ne pas l'encourager. Bref.

Pour le reste, au chalet, nous n'avions même pas à gérer des batailles de chats, chacun se tenant dans son coin, ce qui m'apparaît encore mystérieux étant donné le taux d'amabilité des chats entre eux, qui ont tendance à se gratifier d'un bienvenue en se sautant à la jugulaire. La mèche un peu courte, quoi!

Brocoli était une chatte très volontaire dont la capacité de nuisance était on ne peut plus développée. Ainsi, avec une patience infernale, elle avait une manière infaillible de me réveiller. Elle s'allongeait sur ma poitrine de manière à lentement mais sûrement me couper le souffle, collait son museau à mon nez pour que je sente bien son souffle chaud et elle attendait que j'ouvre les yeux. Impossible de la tromper et de faire semblant de dormir : là, c'était les coups de pattes sur la joue qui signifiaient « essaye donc pas, tu sais que je sais ». Il lui manquait juste un contrôle pour la mettre à l'heure où je voulais me réveiller.

C'était aussi une pauvre droguée… accro aux chips! Dès qu'elle entendait le froissement du sac qu'on ouvrait, elle se précipitait sur vous et dans le sac. Impossible de la chasser. Il fallait en partager le contenu avec elle ou bien se résoudre à le manger en cachette. Mais elle avait l'ouïe bien fine, la coquine. Même enfoui sous les couvertures à l'autre bout de la maison, on pouvait être certain qu'elle entendrait la croustille croustiller du fond de son sommeil. Quand j'avais une rage de chips et à peine un fond de sac, je les mangeais en les imbibant de salive afin de les ramollir et éviter de les croquer pour ne pas qu'elle rapplique et me les pique. Quand j'avais dans les mains un bol tout plein, je la laissais s'allonger sur moi et partager, une chips à l'une, une chips à l'autre. Tiens, ça me fait penser à ma mère. Je dois donc avoir aussi un fond de tendresse caché quelque part en moi.

Quant à Boeuf. Nous ne l'avons guère eu assez longtemps pour le voir développer ses bizarreries à lui. Il s'est sauvé un jour par le hangar et l'escalier de la ruelle. Nous l'avons entendu miauler alors que les « *hillbillies* » du premier étaient en pleine crise de hurlements démoniaques. On a attendu – longtemps – que ça se calme avant de descendre ouvrir à Bœuf. Mais il était parti et n'est pas revenu. Peut-être notre gros minou avait-il déjà été adopté par une bonne âme ayant un minimum de courage. Le courage ne me viendrait que quelques années plus tard en poussant bien malgré moi une porte d'hôpital.

Brocoli a vécu jusqu'à 15 ans, coulant des jours heureux chez mon ex-belle-mère. Rupture, départ, larmes : nous étions aussi à la recherche de nous-mêmes. C'est terrible la séparation d'un couple, pour un animal. C'est terrible aussi pour les enfants, évidemment, car les deux parents les veulent; les animaux, parfois, ni l'un ni l'autre n'en veut, surtout quand on est jeune et qu'on ne sait pas où on s'en va, qu'on croit que l'on ira nulle part et qu'on cherche si fort sa propre place qu'il n'y en a plus pour personne d'autre.

Sans le sou, je suis partie, loin, et je suis revenue en ville avec mon désespoir, retrouvant mon ex avec une Brocoli miaulant à la lune d'ennui, car lui aussi faisait sa vie, surtout ailleurs que chez lui.

Elle fut confiée à Yvette et s'y sentait si bien que lorsque son fils venait lui rendre visite, elle se cachait sous le lit pour qu'il ne la ramène pas. Elle avait enfin trouvé une maison calme, de la compagnie fiable et des chips au vinaigre à volonté, ses préférés.

Chapitre 6

« C'EST PAS MOI, C'EST ELLE! »

Les deux chattes

PASSEPORTS POUR CHATS

En trois ans, j'ai déménagé dix fois, traînant baluchon, tristesse et vague à l'âme mais point d'animal, incapable d'assurer un minimum de stabilité. Puis un jour, voilà, c'était reparti; j'ai signé un bail avec le nouvel homme de ma vie, le beau, grand, gentil et anglophone, Blue Eyes. J'allais habiter ce magnifique logement dont la chambre arrière était située à Outremont – la frontière passait là – pendant 10 ans, record que j'égale tout juste aujourd'hui.

Mais qui assure la stabilité de qui? L'humain celle de l'animal ou le contraire? « Nos enfants nous sauvent » disait Françoise Dolto; nos animaux aussi, souvent, surtout quand ils nous arrivent à un âge où on commence à en avoir assez de ne s'occuper que de soi-même, même les plus narcissiques d'entre nous.

Oui, bon, j'en conviens, l'animal de compagnie entre dans nos vies par toutes sortes de portes. Certaines personnes recherchent l'effet miroir, les yeux de toutou ou de minou qui vous renvoient une image de vous bien meilleure que ce que vous êtes en réalité. Il y l'animal trophée qu'on se procure pour être remarqué sur la rue quand ça ne marche plus, même avec des vêtements griffés. Il y a l'animal prétexte à rencontrer quelqu'un dans les promenades pour chiens où, si vous ne rencontrez pas l'âme sœur, vous vous faites plein d'amis. Par ailleurs, point de chien dans les sentiers de montagne, non madame. J'ai toujours trouvé absurde l'interdiction des chiens à la campagne parce qu'il y a des randonneurs qui en ont peur; et les ours? Et les coyotes? Et les renards atteints de la rage? Ça me rappelle cette dame de ma banlieue qui se plaignait que les chiens faisaient pipi sur son terrain, que les chats étaient responsables de la pourriture de ses arbres, que les oiseaux laissaient leurs crottes sur son auto, bref, je me demandais pourquoi diable elle avait un jardin au lieu d'un balcon au 18e étage d'un immeuble en béton. Je déteste les gens qui détestent les animaux. C'est très, très mauvais signe. Enfin, continuons.

Il y a l'animal-santé prescrit par le docteur pour maigrir, contrôler le diabète, faire de l'exercice en sortant marcher deux fois par jour.

Il y a le chat-désennui, parfait alibi pour parler tout haut, tout seul, oreille attentive à notre charabia que personne n'écoute de toute manière. Il y a l'animal-sport qui va vous justifier d'aller à la chasse car il n'a rien contre, lui, et même, adore ça et est toujours partant. Il y a l'animal-gardien qu'on laisse la nuit au magasin ou attaché devant la maison et qui est prêt à tuer, comme vous. Il y a l'animal-solitude, bien sûr. Et l'animal qu'on a parce qu'on aime ça. Et puis, il y a au bout du compte l'animal qui va vous apprivoiser à force de patience, vous dresser de manière à ce que, sans vous en rendre compte, vous finirez par déverser sur lui votre trop plein d'amour sans objet et la bouffe la plus chère et la plus goûteuse. Il y a toute une faune prête à combler avec une fidélité remarquable, nos manques cruels.

Dans une salle d'attente, chez le vétérinaire, j'ai déjà entendu une femme qui, tenant en laisse son chien de, à l'oeil, au moins 60 kilos, s'adressait à sa voisine ainsi :

– Vous savez, je l'ai bercé tous les soirs (le chien) jusqu'à ce qu'il soit trop gros pour le prendre sur mes genoux; vous comprenez, je ne voulais pas qu'il ait de carences affectives!

Ils sont là aussi pour ça, nos animaux de compagnie : se laisser bercer docilement pour combler les carences affectives de leurs maîtres et maîtresses (avez-vous déjà vu les poussettes pour chiens?) Ils sont là pour leur miauler, leur roucouler, leur couiner, leur chanter, leur pleurnicher, leur dire en leur langage heureusement sans paroles «Tu n'es pas tout seul et je t'aime».

À travers tout ça, une constante s'impose : avec un animal, vous pouvez être complètement et entièrement vous-mêmes, ce qui s'avère assez rare parmi nos congénères, voire carrément impossible, car nous avons trop peur d'être rejetés.

Qui n'a jamais eu de chien n'a jamais vu lui être offert ce cadeau sans prix qu'est ce regard d'amour inconditionnel qu'il pose sur vous dès que vous ouvrez l'oeil, le matin, les cheveux hirsutes, l'haleine pas fraîche et les yeux gonflés. Votre repousse, votre pyjama râpé, votre air bête, renfrogné, il s'en fout complètement! Il vous aime, un point c'est tout. Oui, bon, un chat, c'est différent, je sais. Son regard sur vous a toujours quelque chose d'un tantinet méprisant : c'est son côté humain.

Mais revenons dans ce huit pièces ensoleillé du presque Outremont, où tous les planchers ont été recouverts d'un tapis épais et de très bonne qualité pour assurer un minimum d'insonorisation. Quand Blue Eyes joue du piano dans son bureau qui donne sur la rue, moi, je n'entends rien dans le mien qui donne sur la cour. Au moment de mon arrivée sur cette rue, j'entamais, remplie d'espoir et de découragement, la quatrième version de mon premier roman, et mon amoureux composait de la musique de film. Vous avez compris que nous avions chacun notre bureau dans la maison; ce qui vous assure un avenir de couple aussi solide que l'est une sculpture de glace en mars. Bref.

L'homme vous aime et il sait que vous aimez les animaux. Alors, pour votre anniversaire, il vous offre une petite chatte repêchée à la SPCA. Grise avec une tache rose. Quand vous la prenez, vous réalisez qu'elle est une boule de nerfs. Ça n'augure rien de bon. « Merci, mon chéri ». La petite chatte sera tout simplement nommée La P'tite.

La P'tite avait un comportement assez normal sauf sur un point : même en chaleur elle ne laissait aucun mâle s'approcher d'elle. Mes amis me disaient que ce n'était pas un hasard qu'elle soit ma chatte puisqu'à cette époque j'écrivais, dans le magazine Croc, une chronique humoristique mensuelle pas mal « destroy » sur les hommes, malgré quelques pointes de rare tendresse (tiens, ma mère…). Quant à Blue Eyes, il ne me lisait pas, ne me comprenant pas. L'eût-il fait…

Donc, inutile de faire stériliser La P'tite : elle pratiquait très bien elle-même le contrôle des naissances. Tous les mâles du voisinage avaient goûté à sa méthode Ogino personnelle qui consistait, au moment opportun, à leur ouvrir le nez d'un coup de patte bien placé. Tous les mâles, sauf un. Tarot, le magnifique. Mais ça, c'était après l'arrivée de Toni.

Règle d'or pour les cœurs tendres – oui, oui, j'ai bien écrit « tendres » car il s'agit de celui de mon ex – ne jamais entrer dans une maison où une chatte a mis bas deux mois auparavant. C'est ainsi qu'un beau soir d'été nous allons manger chez un musicien dans Hochelaga-Maisonneuve. La boîte où dorment les chatons est stratégiquement placée dans la salle à manger. D'ailleurs, Paul reçoit beaucoup cette semaine-là, je comprends maintenant pourquoi.

Toute la soirée, les chatons nous tirent des ho! et ha! attendris avec leur maladresse enfantine, leur queue verticalement raide et leurs dents de lait qu'on sent à peine quand ils se prennent pour des bêtes féroces et vous mordillent les doigts. Toute la soirée nous allons parler des bêtes que nous avons eues, une anecdote après l'autre. Puis, il y un chaton blanc et tigré, qui se roule en boule de Noël sur les genoux de Blue Eyes. Ensuite, dans ma main qui le contient entièrement. Ronron presque inaudible et regard trop mignon: voilà, on craque. Il est reparti avec nous dans notre Civic usagée jusqu'au royaume du «Adjaçant», comme les agents immobiliers nommaient le quartier. Il fut baptisé Toni pour une raison encore inconnue.

C'est là que le trouble a commencé sans qu'on s'en aperçoive. Ni rebuffade, ni manifestation d'agressivité envers le nouveau venu: donc La P'tite acceptait sa présence. C'était bien mal la connaître. Débutait une bataille de territoire sournoise et hypocrite qui allait se jouer sur toutes les bordures des tapis.

À cette époque, nous avions encore la patience de partager un chalet en gang, faute d'avoir l'argent pour le faire tout seul. Avec des amis, nous avions loué, dans le Vermont, une maison régulièrement visitée par les porcs-épics, les souris et les voleurs. C'est ainsi qu'un jour toutes nos raquettes, les chaises de style et les bouteilles de vin sont disparues, mais qu'à cela ne tienne: c'était le paradis de la famille de castors qui rendaient l'eau de l'étang non-baignable, mais qui chaque soir à la brunante nageaient près de nous sans frayeur. C'était aussi le paradis des conducteurs de *pick-up* avec une carabine dans la lunette arrière, mais nous ne cherchions pas du tout leur compagnie.

Toutes les fins de semaine nous traversions la frontière avec nos chats, chacun dans leur cage, et leurs passeports dûment estampillés: «vacciné contre la rage». Visiblement les douaniers américains n'avaient pas été vaccinés contre ça. Toujours la même «face

52

de boeuf », le regard soupçonneux, et, comme c'étaient toujours les mêmes, ils nous laissaient passer avec un air entendu signifiant : « on trouvera bien la drogue un jour ».

Nous partagions aussi la maison du Vermont avec une belette qui nichait quelque part dans la cuisine et qui, notre petit déjeuner terminé, s'aventurait sur le comptoir et se préparait un sandwich. Ah là, je sens que vous ne me croyez pas. Mais je vous assure que c'est vrai. J'ai pu l'observer un dimanche matin d'hiver, dans sa luxueuse fourrure blanche. Elle est d'abord venue chercher du pain et l'a porté à sa cachette. Puis, elle s'est emparée du fromage. Elle est revenue une troisième fois pour traîner entre ses petites dents pointues – où on n'aimerait pas avoir ses doigts coincés – un couteau.

CQFD (Ce Qu'il Fallait Démontrer).

Marc accompagnait les Lessard.

Marc était un gros chat mâle roux stérilisé. C'est grâce à lui, alors qu'une partie de son cerveau ancien s'est allumée pour quelques minutes, que nous avons réalisé que notre chat Toni était une chatte. Après avoir essayé de s'accoupler avec elle, Marc est resté long-temps sur la même marche d'escalier à se demander ce qui venait de lui arriver. C'est lors de ce questionnement fondamental que nous avons entendu un « hihihihi ! » de souris qui essayait vainement de freiner sa course, mais qui est tombée de l'étage dans les marches, juste sous le nez du chat. Cette marche est alors devenue le coin at-titré de Marc qui est resté à son poste jusqu'à la fin de la location, le nez en l'air, attendant nuit et jour que les souris retombent du ciel. Je souhaitais franchement que son attente permanente soit récompen-sée avant qu'il fige là pour toujours. Mais non. Ce n'est pas parce que les souris étaient disparues, que non ! Et elles étaient vachement occupées la nuit.

Par ricochet, les chats l'étaient aussi. Je me suis habituée à les sentir sauter sur mon lit et passer à la course sur moi, en pleine chasse. Ce qui voulait dire que la souris avait pris le même chemin. Pas un matin sans qu'il y ait un derrière de mulot ou des ailes de chauve-souris au pied du lit, trophées de la nuit. Vraiment, les chats adoraient l'endroit. Toni, devenu Toni-e, nous suivait comme un chien dans toutes nos promenades, où communiquer avec la nature était un passe-temps vivifiant en autant de ne pas rencontrer un des ours ou des chasseurs qui rôdaient autour.

Nous ramenions nos chats le ventre plein et les rêves peuplés de rongeurs capturés jusqu'à la ville où, après la trêve de la campagne, la bataille rangée reprenait. Le temps qu'on était au Vermont, l'appartement de Montréal s'aérait et l'odeur qui nous chatouillait les narines nous laissait croire qu'il fallait qu'on change la litière plus souvent. Erreur. Ainsi, nous avons dû admettre un jour que tous les tapis, toutes les moquettes et le bois en dessous étaient à jeter, imbibés d'urine de chattes. Ne sachant trop quoi faire avec ce problème, nous songions à nous défaire d'au moins une chatte, lorsque La P'tite est rentrée du hangar en se roulant sur elle-même de plaisir. Je suis allée vérifier mon hypothèse : eh oui, Tarot, le magnifique minou noir du voisin, venait de s'accoupler avec ma chatte après deux ans d'attente.

***

Ça s'est passé une nuit. Jamais La P'tite ne venait dormir avec nous ou avec moi, quand je décidais de dormir dans la chambre d'amis parce que je ne trouvais pas le sommeil. C'était le cas cette nuit-là. Ma chatte a sauté dans mon lit en miaulant. J'ai ouvert un oeil, l'ai caressée, me suis recouchée. Elle a repris ses miaulements, forts et plaintifs, me donnant des coups de pattes. Je me suis réveillée tout à fait. Elle allait vers sa boîte, revenait, était en panique. J'ai compris qu'elle allait accoucher et me demandait désespérément mon aide face à cette douleur inconnue qui la prenait. Je ne savais que faire moi-même sauf la suivre, la caresser lorsqu'elle s'allongeait et lui parler doucement. Bien des années plus tard, moi, je choisirais l'épidurale.

Son premier chaton est né dans le lit. Petite chose toute noire comme son géniteur. Le deuxième et le troisième, noirs aussi, sont nés dans la boîte. Puis il y eu un long moment paisible. Tonie – qui était toujours là, nous étant débarrassés des tapis et non des chattes – est alors venue poser un regard curieux sur les nouveaux arrivants. Arriva ensuite le dernier de la portée, dans un cri atroce de ma mi-

54

nette, un chaton complètement roux qui faisait au moins le double des autres. Pas besoin d'un vétérinaire pour savoir que c'était un mâle, celui-là.

Contrairement à ce que j'aurais cru, La P'tite était une bonne mère. Quant à Tonie, c'était une fieffée hypocrite. Chaque fois que la mère allait se nourrir, il fallait surveiller ses chatons car Tonie prenait tout de suite sa place dans la boîte. J'ai pensé, la première fois; «que c'est touchant, elle veut allaiter les petits, c'est donc fort, l'instinct». Ce n'était pas tout à fait la bonne interprétation du geste; dès qu'on avait le dos tourné, Tonie en profitait pour les mordre chacun leur tour et on les entendait crier au meurtre.

Méchante Tonie. N'empêche. Les chatons ont quitté un jour pour de bonnes maisons. La P'tite, qui avait recommencé de plus belle à marquer sans arrêt son territoire a quitté pour une retraite où elle pourrait être seule et dehors. Et Blue Eyes a quitté à son tour. Nous sommes restées, Tonie et moi, dans cet immense appartement, face à un avenir incertain. Je ne le savais pas, bien sûr, mais elle vivrait vingt ans et trois autres déménagements.

Chapitre 7

«ENLÈVE TES GANTS, DÉBOUCHE TON NEZ,
CARESSE-NOUS, ÉCOUTE NOS CHANTS, MAIS POUR CE
QUI EST DE GOÛTER À CE QU'ON AIME MANGER, C'EST
CORRECT, TU PEUX LAISSER FAIRE.»

L'assemblée des AA
(animaux aimés)

ENTRACTE ET BOULES DE POILS

Je ne suis pas une « toucheuse » et je déteste les contacts physiques avec des gens que je ne connais pas ou peu. Embrasser à son départ quelqu'un qu'on m'a présenté deux heures avant, très peu pour moi! Ou endurer la conversation d'une personne qui appuie sur ses mots en appuyant sur votre avant-bras ou votre cuisse, le moins possible. Encore pire, quand on prend le ton de confidence et qu'on entre dans mon espace vital pour livrer un secret : horreur! J'ai l'espace vital pas mal large, je dois dire, et je ne supporte pas qu'on y pénètre. La foule, impossible. Mais pour ce qui est des animaux, aucun problème. Ils peuvent se rouler sur moi, me lécher une joue, me sentir l'oreille, me coller : c'est un pur plaisir.

Même chose pour l'odeur. J'ai le nez très fin pour les odeurs corporelles, les parfums trop forts et les poissons de deux jours dans un comptoir. Mais voilà, mon lapin sent la soupe aux choux, mon chat la bave, mon chien sentait souvent l'égout, en résumé, chez moi, ça sentait l'étable et j'adorais ça! Quel plaisir pour mon nez que d'entrer dans un zoo!

Le lien avec un animal a toujours été pour moi très sensuel, car il met à contribution mes cinq sens, plus ou moins développés par rapport à ceux des animaux en général, mais je fais avec. L'odeur de ferme, la texture des poils, soyeux, durs, frisés, la chaleur de leur corps qui se propage au mien, la beauté des créatures, d'un chat qui s'étire au soleil, d'un cheval qui galope, d'un chien aux aguets, d'un oiseau qui ouvre les ailes, le hurlement du husky, le ronronnement de ma chatte, le cri du geai, du cardinal flamboyant, du troublant huard. Odorat, toucher, vue, ouïe, et goûter car, malgré moi, j'avale les poils de mes chers animaux en les embrassant. Je laissais tous les jours une marque de rouge à lèvres bien visible sur la tête de mon chien blond, sur le front plus précisément. Mais c'est plus tard dans l'histoire.

Il s'est passé un *sapré* bout de temps avant qu'entre dans ma vie un autre animal (et un autre homme). En repensant à ces années un peu vides, j'ai laissé voguer mon cœur vers ces animaux qui n'ont pas été les miens, mais qui ont laissé un souvenir vivant parce qu'imprégné dans mes sens. Une couleur divine, un plissement de nez, un frisson au bout des doigts, un carillon dans mon âme. Des larmes de rire sur mes joues, de la sueur sur mon front, une tendresse-velours, un élan d'émotion, et un battement de cœur d'émerveillement soudain.

L'ODORAT.

Même quand ils sentent mauvais, ça ne me gêne pas trop. À part les canards.

Nous en avions achetés deux, des canetons, au marché, en France, à Saint-Pourçain-sur-Sioule, ville célèbre pour son joli vin – un des plus anciens de France – qui fut servi à la table de plusieurs rois, dont Saint-Louis lui-même, et, je dois avouer, amplement à la nôtre. Ça vient d'où, ce nom-là, vous demandez-vous j'en suis certaine? À moins que ça vous indiffère totalement. De «Pourçain», un ancien esclave faiseur de miracles. Mais on s'éloigne.

Ma sœur y avait une ferme et une fille de l'âge de mon fils, trois ans. Ils étaient à croquer avec chacun leur caneton dans les mains! Les photos souvenirs sont trop mignonnes. Mais l'horrible odeur souvenir a traîné dans le pyjama pendant des mois… Les canards ont fini dans l'eau brouillée de la marre à nager, juste à côté des boxes des poneys, Hercule et Balthazar.

Vous voyez l'image, bien sûr. Fort jolie. De même que, coiffé de sa petite bombe, Thomas sur Balthazar. Sauf que ce poney était un monstre. Ça broutait tranquillement, ça suivait paisiblement, ça se laissait monter dessus docilement, ça marchait au pas, puis ça se mettait à bouger dans tous les sens, à tirer les rênes, à mordre. Au début je me disais: «C'est parce que je n'y connais rien, aux poneys, s'il se comporte mal ce doit être ma faute, comme d'habitude, c'est toujours de ma faute.» En bonne mère introduisant son enfant dans le monde noble des chevaux, j'essayais de rassurer Thomas qui pleurait, complètement paniqué. Je me disais: «Il lui faut vaincre sa peur, sans ça, c'est fini pour toujours», alors que c'est son instinct de protection qui fonctionnait à merveille. Hercule était nerveux, vicieux et hypocrite, un vrai danger public. J'en avais peur, moi aussi. Et peur des chevaux, en plus.

Mais il sentait bon l'écurie et le foin frais.

LA VUE

Tommy, le chat d'une autre de mes nombreuses soeurs, vous charme par son apparence très spéciale. Surnommé par Thomas « La Chose » Tommy est un chat tigré angora et obèse qui a un côté crème glacée : c'est un chat à deux boules, la tête et le corps. Les pattes ont disparu sous la bedaine et on ne les voit que lorsqu'il est couché sur le dos, enfin quand il y arrive. Regardé de haut, il est aussi large que long, rond, une sorte de chapeau qui traîne sans bouger. Il consent parfois à faire quelques pas vers son bol, ou pour s'écraser plus loin, tanné qu'on rie de lui.

C'est quand il entreprend sa toilette qu'on l'aime le mieux. Les pattes de devant, ça va. Les épaules passent encore. Quant au reste... Chaque fois qu'il essaie de se plier pour atteindre son ventre ou son derrière, il a beau s'étirer, se tortiller, faire faire à sa tête un presque 360 degrés comme dans « *The Exorcist* » il roule dix fois sur le côté et finit par abandonner. Ce chat-là n'a pas vu son derrière depuis des années.

Les nombreux oiseaux habitués à lui n'en ont pas peur une miette, sachant qu'il est incapable de sauter et de courir, sauf quand il voit un chevreuil qu'il est tenté d'attaquer, Dieu sait pourquoi. On s'attend toujours à ce que le ventre de Tommy éclate dans un « pouf! » sonore. Mais ce chat a une santé de fer, un moral d'acier et un besoin d'attention constant. Tiens, serait-ce pour ça qu'il est si gros? Pour être certain qu'on le voit?

LE TOUCHER

S'il y a un endroit sur terre où il y a des chiens, c'est dans le Grand Nord. À Iqaluit, ils étaient tous aussi magnifiques les uns que les autres. Des chiens fiers, dont le poil est plutôt de la fourrure, des bêtes splendides, des presque loups, qui hurlent d'ailleurs. Pas des petits poux laids, agressifs et repoussants, à qui Dieu a caché

– pour leur bonheur – la signification du mot « laid ».

Partout, dans et en dehors de la ville, les chiens de traîneaux règnent, bien attachés par de lourdes chaînes. Ce n'est pas tant qu'ils peuvent se sauver; pour aller où? Il n'y a rien jusqu'au Pôle Nord autre que des ours polaires, pas de nourriture, de cachette ou de route. Les chiens sont donc attachés car ils peuvent être dangereux.

Je marchais dans la ville en pleine noirceur, vers 15 heures, histoire de visiter un peu. Des chiens attachés me regardaient passer, impassibles (ainsi que des corbeaux, l'oiseau local). Tout à coup, que vois-je arriver à côté de moi? Un de ces vrais poux, un petit chien pas beau du tout, roux, avec du poil long sur les oreilles et une espèce de corde à bateau sur le corps. Quatre minuscules pattes trottinaient si vite qu'il avait l'air d'en avoir cent. N'écoutant que mon grand cœur, frustré de ne pas pouvoir approcher les chiens Esquimaux si beaux, je me suis penchée pour caresser la tête de cette chose en évitant bien sur de lui dire : « T'es donc bien laid, toi ». On ne sait jamais.

Je gratte un peu les oreilles, passe mon gant sur son corps rugueux, me relève, lui dit « bye-bye, pitou » et continue mon chemin. Sauf que.

Il a décidé de m'accompagner. Il marchait la tête et oreilles hautes, la poitrine gonflée d'orgueil. Il regardait fièrement les gros chiens, lançait un jappement effronté qui ne pouvait signifier qu'une chose : « J'ai eu une caresse, moi, pas vous autres. Hé hé, je marche à côté d'elle, moi, je suis libre, pas vous autres, gros épais ». Mignon. Ça m'a bien fait rire.

– OK, mon toutou, rentre chez vous, maintenant.

Il n'en avait pas la moindre intention. Il avait plutôt l'air prêt à prendre son baluchon et à me suivre au bout du monde, même dans le Sud (à Montréal) et puis « il y fait chaud et je n'ai pas de fourrure, moi, et je pourrais quitter ces brutes qui n'attendent que l'occasion de me mordre une fesse ». Mignon. Mais ça ne me faisait plus rire.

Je me suis résignée à virer de bord pour le ramener jusqu'où il m'était apparu. « Viens, mon chien ». Il s'est arrêté net : pas question de retourner là-bas. Je ne pouvais quand même pas le laisser me suivre jusqu'à l'hôtel qui était assez loin : j'avais peur qu'il se perde, qu'il se fasse dévorer par les corbeaux plus gros que lui et qui, j'en avais la nette impression, le regardaient drôlement.

Lâche comme pas une, je me suis mise à courir, pour le semer. Il s'est mis à courir comme une fusée, tout content du jeu. Je suis allée dans tous les sens, il m'a suivie. J'ai alors vu mon salut : le musée. J'y suis entrée en me disant qu'il s'en retournerait.

J'avais déjà visité le musée. Je suis restée dans l'entrée. À toutes les cinq minutes, je regardais dehors : il m'attendait.

— Je peux vous aider, madame ? me demande le conservateur.

— Non, merci, j'attends qu'un petit chien s'en aille.

— Ah. Pourquoi vous suit-il, vous croyez ?

— Je ne sais pas. Je lui ai fait quelques caresses c'est tout, et…

— Ici, on ne caresse pas les chiens. Vous venez de gagner son amour éternel ! Il ne partira pas de sitôt…

Dix minutes avant la fermeture, le chien était toujours là. Quand je suis sortie, tristement résolue à ce qu'il me suive et à l'abandonner devant l'hôtel, il avait disparu.

Il m'avait attendue deux heures. À cause d'une caresse. J'ai tant fait la même chose. C'est ce qui m'a frappée ce jour-là : j'ai tant attendu les caresses. Moi aussi, j'ai souvent suivi quelqu'un qui avait la main affectueuse. Juste pour ça. Aujourd'hui, chaque fois que je me sers du *ulu* acheté au musée pour couper des légumes ou une pizza ou n'importe quoi, je repense à ce petit chien. J'espère que quelqu'un d'autre l'a flatté, gratté, aimé un peu, en somme.

L'OUÏE

Le chant des oiseaux. Celui des mésanges, cristallin, qui égaye les journées ensoleillées d'hiver. Je les ai nourries tout un hiver, au chalet où je m'étais retirée pour écrire. Au début je leur donnais du simple pain ; puis ne regardant pas à la dépense, je me suis mise à faire cuire le pain dans le gras de bacon et je l'étalais le long d'une fenêtre, encore tout chaud. À la fin de l'hiver, j'ouvrais à peine la porte que toute une volée atterrissait sur moi, mes épaules, mes bras, ma tête, une autre volée déjà sur la fenêtre que je devais faire lever pour mettre la nourriture, avec des petites téméraires qui investissaient carrément le poêlon. Je me prenais pour Saint-François d'Assise! C'est le seul moment de ma vie, d'ailleurs, où j'ai touché de près à la sainteté.

Les oiseaux ne font pas que chanter : ils parlent. Ainsi en est-il de Chipie, le perroquet vert fluo d'une autre soeur (celle du canard). Chipie sent la jungle. Quand on s'approche d'elle, ça vous prend au nez si fort que je suis certaine que ça éloigne les pythons et les panthères. Mieux vaut de toutes manières ne pas s'approcher trop près car elle mord. D'où ce nom qui lui va à ravir. Mais c'est par sa voix qu'elle vous charme, cette Chipie.

C'est toujours un plaisir de téléphoner chez ma soeur car Chipie occupe alors le fond sonore à peu près ainsi : «Oh! Figaro, Figaro, Figaro, oh, oh… Allo beautifull, smac smac, un beau bec, que bella, hi-hi-hi-hi-hi!». À l'autre bout du fil, puisque Chipie parle parfaitement franc, on dirait qu'il y a une folle finie, complètement incohérente dans la pièce.

Ce que je préfère, c'est quand elle se brosse les dents. Elle imite parfaitement le frottement de la brosse sur les dents, même qu'on entend distinctement la variation des sons que fait la bouche qui se referme, s'étire, s'ouvre puis, elle crache, enfin, elle reproduit le bruit que fait une personne qui crache sa pâte à dents, et finalement, elle se rince la bouche, se gargarise, et recrache. Voyez-vous, elle fut longtemps dans une pièce près de la salle de bain…

Bien sûr, le seul moment où Chipie se tait, c'est quand on est là, la chipie.

Et puis, et puis… Dans mon jardin, il y a le sifflement de la marmotte qui mange ce que je viens de planter; le tchik-tchik des écureuils qui coupent les têtes des tournesols juste quand les fleurs commencent à être belles; et le coyote qui pleure comme un bébé, la nuit, mais lui, pas dans mon jardin, plus loin, dans les Cantons de l'Est.

Il y a les oies qui criaillent dans leur ciel, ailes battantes et vol en V, printemps et automne, et que j'aimerais suivre comme le petit Nils Holgersson de Selma Lagerlof. Il y a la voix du geai bleu qui me transporte en hiver, et celle du huard qui berce le soir de son cri envoûtant, apaisant, obsédant, me procurant un tel ravissement, que chaque fois qu'il m'éveille la nuit ou très tôt le matin, je retiens mon souffle pour que nul son ne vienne troubler l'enchantement. Je l'attends, ce huard, car dans mon cœur il fait naître une harmonie, une sérénité que je suis si peu apte à créer moi-même

LE GOÛTER

Ah… goûter un souvenir... Celui de Bobine, la chienne teckel, qui avait la particularité d'être une redoutable joueuse de soccer, mais qui ne passait jamais le ballon. Souvent tremblotante, elle sautait sur le fauteuil où vous étiez assis et se collait sur vous, laissant son poil roux et son odeur forte sur vos vêtements.

Il y a aussi ce Golden Retreiver, rencontré dans un centre de randonnée en traîneau très sympa près de Sept-Îles. Lui seul n'était pas attaché et lorsque deux huskies en venaient à la bataille, le Golden se précipitait vers eux et les séparait, restait entre les belligérants jusqu'à ce que le calme soit revenu, puis faisait sa ronde jusqu'à ce qu'un autre combat s'engage pour aller de nouveau rétablir la paix. Sa vie était une mission de paix.. Je l'ai surnommé « Casque bleu ».

Et Wooshi, le betta bêta qui venait se faire flatter à la surface de l'eau.

Et cet âne devenu gardien de moutons, en remplacement des chiens qui leur mordaient les pattes.

Et ces quelques êtres poilu, ailés ou moustachus – mon fils – qui se sont donnés la patte, les plumes, la main pour me garder les pieds près du sol, moi qui serais bien loin dans l'espace n'eût été d'eux. Ou six pieds sous terre.

Chapitre 8

« QUI M'AIME, JE LE SUIS! »

Mozart

LE CHIEN DE DEUX MILLIONS DE DOLLARS

Avis tout simple à tous ceux et celles qui pensent adopter un chien : ce sont les cinq premières années qui sont les plus difficiles; après, ça va tout seul. C'est à peu près le même principe avec un nouvel amoureux.

Après une grossesse non complétée, qui a failli m'achever, un cycle de fécondation in vitro raté qui a fait bondir mon taux d'hormones à mille fois son taux normal – imaginez l'atmosphère – et l'abandon de tout espoir d'enfanter moi-même un jour, j'ai décidé de m'offrir un chien. Pas un bâtard comme j'en avais toujours eu, non monsieur, un vrai chien de race avec pedigree et tatou sur la cuisse.

Mon premier choix allait vers un Terre-Neuve, ces gros oursons placides et bienveillants, mais ils sont un petit peu gros par rapport à ma taille. Je voulais pouvoir marcher avec mon chien et non me faire allonger les bras de six pouces en essayant de le retenir. J'ai donc opté pour mon deuxième choix, un Golden Retriever, ce qui n'a fait aucune différence pour la marche, car ce chien est aussi fort qu'un Terre-Neuve.

Mon nouvel amoureux-pour-la-vie était en voyage. Cet homme-là, je l'ai aimé pour ses yeux pétillants, son rire communicatif, ses bas dépareillés et ses chandails à l'envers; je le surnommais Hugo Boss. Gardons le Hugo. Nous avions – grande première pour moi – acheté une maison en banlieue, située près d'un golf. Qui dit banlieue dit terrain : il y avait de la place pour un chien.

Pourquoi avoir choisi justement le moment où Hugo était en voyage pour adopter un chien? Parce qu'il n'en voulait pas.

J'ai choisi un éleveur au hasard. Me suis retrouvée sur une ferme, près de l'enclos des chiots. Ai vu la mère, magnifique. Une photo du père, un séducteur de bonne femme. Puis, ai suivi le conseil du livre que j'avais parcouru avant l'achat : j'ai laissé les chiots venir vers moi et j'ai choisi celui qui m'avait choisie – le seul d'ailleurs, ce qui était tout de même un peu vexant – une petite boule de poils blonds, une sorte de peluche attendrissante, douce comme des ailes d'anges (j'imagine), un mâle à l'instinct sûr puisqu'il m'avait choisie. Les années à venir me prouveraient qu'il avait effectivement eu ce jour-là un instinct hors du commun…

Ma chatte Tonie a bien fait comprendre au nouveau venu, grâce à un coup de griffe sur le museau, que c'était elle le boss, ce qu'il n'a jamais remis en question, même quand il a pesé 90 livres de plus qu'elle. Et bien sûr, mon amoureux en est tombé amoureux. Les hommes disent toujours non, pour se sentir roi et maître, mais s'inclinent devant le fait accompli car ils adorent qu'on les organise. C'était un fervent amateur d'opéra et c'est en écoutant Don Giovanni, qu'il a proposé de le nommer ainsi. Un peu compliqué car dans LE livre, il était écrit qu'un propriétaire averti ne donnait pas à son chien un nom de plus de deux syllabes. J'ai proposé Mozart : voté à l'unanimité.

Chien compensation, chien tristesse, chien bébé que j'avais perdu et que je n'aurais plus, chien amour à donner, chien à élever, chien là pour aider à panser le deuil. « Zoothérapie », comme tout le monde dit. Je déteste le mot zoothérapie. Il y a quelque chose qui abaisse encore l'animal à une utilité : une vache donne du lait, un mouton sa laine, un orignal son panache, un chien donne son amour, un chat donne… pas beaucoup mais enfin. L'aspect clinique de la relation avec un animal enlève la beauté de ces rapports qui, comme avec les humains autour, en sont d'échanges, mais bien plus simples et naturels. La vie qui bat et dont tous les éléments s'entremêlent pour le bien de tous et pour la magie de l'existence. Moi, qui vis aujourd'hui sur du temps gracieusement offert par la médecine de pointe, je la savoure tous les jours, cette magie.

En fait, les chiens sont eux-mêmes des magiciens, des devins, qui savent bien avant nous ce que nous ressentons, qui connaissent notre état physique, notre humeur, après nous avoir bien observés. Ils se tiennent à distance respectueuse ou viennent donner leur patte, se collent sur nous ou s'allongent lorsqu'ils sont certains qu'on ne bougera pas, ne dormant que sur une oreille, au cas où.

Cent fois Mozart venait demander « Quand est-ce qu'on sort ? »; parfois il venait juste me dire « Je suis là ». Il n'aimait pas mes larmes et s'approchait doucement, léchant mes mains, inquiet – pour lui-même, oui, je sais – mais je ne peux manquer d'y voir une réelle compassion.

Et puis, c'était un clown qui ne ménageait pas les pitreries pour me faire sourire devant une de ses mimiques, qui venait me porter sa guguisse préférée pour jouer juste au moment où j'en avez assez de tout. Le repousser, comme le reste? Non, accepter l'offre de penser à autre chose et de jouer un peu, c'est si rare qu'on joue à autre chose qu'à être faussement soi-même…

Mozart savait.

Je me suis jetée dans l'éducation et les soins de ce chien avec un enthousiasme passionné jusqu'à la déraison. Il n'a pas sauvé mon couple, qui s'est défait comme les autres, mais il m'a sauvée, moi. Sauvée du désespoir. Je me souviens d'un soir, alors que je traversais le pont Victoria et que l'envie de tout laisser tomber était si forte, j'ai pensé que Mozart m'attendait et que je devais aller le nourrir.

Mais Mozart n'était pas là que pour la tristesse; il était là les jours de gaieté, de bonheur, de soleil, marchant à mes, ou à nos côtés, balançant joyeusement sa queue touffue au rythme de ses pas sautillants. Il souriait.

Les Golden Retriever sont issus d'un croisement entre un chien et un canard. Bien qu'ayant quatre pattes, celles-ci sont palmées. C'est aussi avec cette même frénésie de l'ancêtre à plumes, qu'ils se jettent dans n'importe quel plan d'eau ou trou de boue qu'ils rencontrent sur leur chemin. Et ils peuvent tous les deux manger n'importe quelle cochonnerie qui traîne.

Moi qui surveille mon alimentation et les microbes, c'est toujours avec le même ahurissement que je regardais Mozart, ma beauté, devenir franchement dégueulasse. À son bol d'eau, il préférait les toilettes pour s'abreuver, en tassant simplement le papier s'il y avait, par malheur, du pipi dedans. Il venait me lécher la main après avoir léché son propre vomi ou les crottes d'un autre chien, ou d'un cheval, on n'est pas regardant. Un sandwich pourri, des gommes collées au trottoir depuis des siècles, un oiseau en décomposition avancée, il n'y avait rien pour le rebuter et le rendre malade, sauf, – et ça, je ne l'ai jamais compris – le changement de marque de croquettes pour chiens. Celles de Mozart étaient strictement composées de riz et d'agneau, *because* ses allergies.

Chaque race a ses petits bobos spécifiques. Il n'y a que les bons vieux bâtards qui ne crèvent pas votre portefeuille en soins vétérinaires, et qui n'ont qu'un réel problème, quand ils l'ont, être fous. Ce qu'il y avait de merveilleux avec Mozart, c'est qu'il cumulait toutes les tares de sa race.

Imaginez votre animal adoré trottinant gaiement derrière vous à ski de fond, heureux de manger de la neige – c'est un autre de leurs délices – bondissant avec l'ardeur de son adolescence, la langue à terre et content, alors que la journée d'hiver est ensoleillée, que les sapins sont lourds de la dernière tempête de neige scintillante, que l'air froid purifie vos poumons et que vous savez qu'un bon petit souper vous attend. Vous vous retournez pour admirer la bête sautillante et vous pensez : « Voyons, elle sautille donc bien tout croche, elle ». Et pour cause : l'hôpital vétérinaire vous annonce qu'elle a un morceau d'articulation qui circule dans l'épaule et qu'il faut absolument l'opérer.

« Avez-vous une garantie sur ce chien ? » demande le vétérinaire. Évidemment que j'ai une garantie ! Une bête de race vient toujours avec une garantie quant à la dysplasie de la hanche, la rage, et que sais-je ! Mais voilà : il ne s'agit pas d'une voiture télécommandée, mais d'un être auquel on s'est attaché ! Enfin moi. « Voulez-vous l'échanger ? Oui, évidemment celui-ci sera euthanasié, il n'est plus vendable ».

Euthanasié !!! ??? Ce chien qui depuis quatre mois a fait mon bonheur en urinant partout et en rongeant les pieds de chaises ? Ce toutou qui a triplé de volume et m'aime de tout son amour ? Cette chose qui respire et cale les coussins tout chauds de ses pattes dans mes mains, met sa petite tête de côté, une oreille pendant plus bas que l'autre et sourit l'air de dire : « On es-tu assez bien ensemble ! » ou « Hé qu'on a du plaisir » ?

Jamais de la vie.

Sortons le carnet de chèque du compte conjoint. « Minute, là, c'est TON chien, moi j'en voulais pas, c'est toi qui payes ». Si j'avais placé tout l'argent que ce chien m'a coûté, je serais riche.

Je ne le regrette pas une seconde.

Savez-vous qu'après une opération, on ne donne pas d'anti-douleurs aux chiens, car ils sont d'une telle bonne volonté qu'ils seraient prêts à vous suivre sur une patte fraîchement opérée? On devrait en donner, par contre aux propriétaires, qui voient leur animal souffrir atrocement et qui, impuissants à le soulager, conséquemment, souffrent eux-mêmes atrocement.

Je veillais Mozart *non-stop*, couchée sur un matelas à côté de la cage du patient, qui pleurait abondamment et qui était affublé d'un abominable collier élisabéthain, qui faisait « *quetonk, quetonk* » contre les parois de métal chaque fois que Mozart bougeait la tête. Je lui parlais doucement, le caressais à travers le grillage, tenais dans ma main – pour une rare fois chaude – une de ses pattes pour le tranquilliser.

« T'es folle! », me disait Hugo en allant se coucher. « Fais-le piquer! » me conseillait ma mère. « Tu prends ça trop à cœur, c'est juste un chien », était l'opinion générale.

Oui, trop à cœur, maniaque et même, grosse projection personnelle : j'avais eu si mal, moi aussi. J'aurais la même attention obsédée avec mon fils quelques années plus tard, sauf en ce qui concerne la cage. Ça s'appelle le besoin désespéré qu'on ait besoin de vous. Et le plaisir de donner ce qu'il y a de meilleur en vous, ce qui, étonnamment, est une richesse naturelle renouvelable qui se multiplie avec l'usage. Donner à une personne, à un animal, soulager, embellir l'existence de tous ces êtres qui vivent, sans ordre d'importance, sans échelle, sans hiérarchie, faire ce qu'on peut, quand on peut, quelques moments de générosité sincère. Mozart n'était pas juste un chien : c'était un être que j'avais choisi et qui comptait sur moi pour survivre.

Une fois Mozart guéri et à l'âge du dressage, bien sûr, *nothing but the best* : complètement incompétente en la matière, j'ai engagé un dresseur privé. Ce qui me fascinait chez lui, c'était son bégaiement; très prononcé quand il me parlait, il disparaissait complètement quand il parlait au chien! Curieux tout de même. J'ai appris que si un chien ne répond pas au commandement «VIENS», vous n'avez pas de chien. Et si votre chum ne répond pas au commandement «RESTE», vous n'avez pas de chum. Mais bref.

Toute contente d'avoir une bête superbe et bien dressée, quoique j'étais loin d'avoir l'ascendant du dresseur, j'ai loué un chalet à la campagne pendant que mon amoureux allait voguer sur le Nil. Une belle maison, très isolée dans les bois, mais qu'importait? J'étais protégée par Mozart.

Le premier matin, un motocycliste est venu à 6 heures déposer un paquet pour la propriétaire. Un maniaque, déjà?

Mozart s'est mis à aboyer comme il se doit. Sauf qu'il est venu immédiatement se cacher derrière mon lit. Naissance d'un petit doute quant à son pouvoir de protection...

Le soir, un spectacle féérique nous attendait: des milliers de lucioles dans la noirceur chaude du début de juillet. Cette splendeur, j'ai dû l'admirer toute seule: Mozart avait une peur bleue des mouches à feu!

Lors d'une promenade, nous avons fait l'horrible rencontre de vilaines boîtes aux lettres qui lui voulaient du mal, ça ne faisait aucune doute dans sa tête, et j'ai dû rebrousser chemin, tirée par une masse musculaire pour qui mes 110 livres n'étaient que des pinottes. Ces boîtes démoniaques m'ont obligée, par la suite, à faire de longs détours. Même chose avec les dragons de l'enfer, soit les motos stationnées, et les monstres à la tête plate, les poubelles.

La conclusion s'imposait: il me faudrait dorénavant protéger Mozart des menaces fourmillantes de la vie, incluant le tonnerre, le centre-ville et les étrangers, et non le contraire.

«Débarrasse-toi de ça!» me répétait ma mère, qui opposait un silence sceptique quand je lui affirmais que Mozart ne s'en laissait pas imposer par les autres chiens et qu'il avait même été surnommé «le boss du golf».

Vrai de vrai! Derrière chez moi, il y avait un terrain de golf où les amateurs de chiens venaient promener leur chouchou quand la bise fut venue avec la neige. Ils étaient parfois une douzaine de chiens à s'ébattre et à se mesurer autour d'un bout de bois, jouant à «C'est moi qui tire le plus fort». Mozart gagnait toujours. Oui, euh, sauf devant Zélig, un Labrador noir de 150 livres non castré, et il s'inclinait devant Charlemagne, un petit bichon frisé et jappeux qui le terrorisait carrément en lui mordant les pattes. Caractériel plus-plus!

Donc, mis à part les allergies diverses, causes de démangeaisons démentielles, la chirurgie et les légères phobies, Mozart a multiplié les otites de façon exponentielle.

«C'est parce qu'il a des oreilles pendantes, c'est humide là-dedans», dit ma bonne «vet».

C'est un peu comme dire que c'est parce que j'ai une tête que j'ai mal à la tête. Comme on ne pouvait pas les lui couper, ses oreilles, tchikquetchik! la carte de crédit pour les antibiotiques. Il en a tellement ingurgité dans vie – pour les plaques à répétition sur la peau, les infections malodorantes chroniques à la bouche, les re-otites – que je ne savais plus comment les lui administrer.

Bien sûr, aucun laboratoire de pilules pour chien n'a pensé que ce serait une bonne idée de leur donner un goût de viande bien faisandée, comme on le fait dans le cas des enfants avec des sirops à la banane. Après avoir caché l'énorme pilule orange dans du pain ou du fromage, l'avoir enrobée de sauce à spaghetti, de beurre ou d'une tranche de jambon, j'ai réalisé que Mozart avait développé cette habilité spectaculaire d'absorber l'enveloppe et de recracher tout bonnement son médicament qui tombait par terre avec un petit *poc!* qui a éventuellement beaucoup joué sur mes nerfs. À la fin, c'était un bloc de 300 grammes d'emmenthal qu'il fallait pour dissimuler la pilule qui, effectivement je comprends mon pauvre chien, sentait l'égout.

Tout bien calculé, je crois que ma «vet» a eu un départ fulgurant avec sa clinique en bonne partie grâce à ce que lui rapportait Mozart, même avec l'assurance-maladie qu'elle m'avait vendue et qui m'a sauvé pas mal d'argent. C'est drôle, après une couple d'années à le soigner, elle a décidé qu'elle n'offrirait plus cette assurance à ses clients…

Mais je l'aimais, ce chien qu'il fallait rassurer au moindre bruit, qui tremblait de tout son corps lors d'un feu d'artifice et qui se réfugiait derrière la fournaise à chaque orage.

Je l'aimais, ce chien qui dormait à côté de moi pendant que je travaillais, si près que l'une de ses oreilles était toujours calée sous une roulette de ma chaise, juste au cas où je profiterais de son sommeil pour me lever et l'abandonner à tout jamais sans qu'il ne s'en rende compte. Impossible de bouger sans lui écraser l'oreille.

Oui, magicien Mozart, qui a toujours eu un lapin dans son chapeau, à sortir au moment où j'en avais crucialement besoin, une carte cachée pour me faire soudain éclater de rire, ou m'emporter, mais me distraire de mon ennui.

Je l'aimais, ce chien qui était mon lien direct avec la vie alors que pour moi elle ne tenait plus à grand-chose. Pendant treize ans, il a assisté à mes mille morts solitaires, à mes renaissances quotidiennes, jetant sur moi son regard bienveillant d'animal qui n'avait d'autre but – si tant est qu'il en avait un – que de vivre, tout simplement. Mais « le temps d'apprendre à vivre », il est déjà si tard…

***

Un jour, j'ai tout quitté pour aller vivre dans ma belle nouvelle maison à la campagne, avec mon Mozart et Tonie, croyant ma vie placée pour toujours. Tonie était au paradis avec toutes les souris qui me narguaient en marchant dans le poison sans y toucher, et avec les chauve-souris, que je l'entendais poursuivre la nuit et dont elle déposait un morceau en cadeau au pied de mon lit. Mozart avait une rivière où plonger : pendant deux ans, je ne l'ai jamais vu sec. C'est alors que le miracle se produisit pour moi : j'étais enceinte. De mon ex. C'est compliqué, je sais. La vie, quoi. La naissance de mon fils allait être une catastrophe pour mon chien.

Les chiens sont jaloux de nature, les Golden doublement. Ce sont des chiens de famille qui deviennent des compagnons de jeux merveilleux avec les enfants. Sauf. Sauf si l'enfant arrive après lui. Le chien perd alors sa place et n'entend pas l'accepter si facilement.

Tant que Thomas était dans mes bras, je croyais pouvoir composer avec l'indifférence de Mozart qui s'éloignait dès que j'approchais de lui avec mon bébé. « Il s'habituera » pensais-je.

Erreur.

Du moment que mon fils commença à ramper, la guerre fut dé-clarée. Mozart grognait et je devais le surveiller de près. Puis, il lui a montré les dents : c'est l'étape avant de mordre. Il devenait carré-ment dangereux. Un chien reste un loup dans un costume de ville. J'ai dû me résigner à m'en défaire. Entre lui et Thomas, il n'y avait pas de choix possible, bien entendu. Dé-chi-rant! Mozart n'avait-il pas été mon bébé? Mon tout? L'envoyer où? Jamais je ne le laisse-rais aller chez des gens que je ne connaissais pas. Le donner? Non, le confier. J'avais la honte et la culpabilité de rompre notre engage-ment, celui que j'avais pris de toujours m'occuper de lui.

C'est alors que mon ex, le père de Thomas, décida de prendre Mozart chez lui. Il avait trouvé la solution idéale : je pourrais le voir quand même, il viendrait souvent à la maison et les dangers – sans être à 100% écartés – disparaissaient. Nous pourrions tout de même vivre côte-à-côte. Mozart viendrait avec son baluchon passer des vacances à la maison chaque fois que j'en aurais envie ou que Hugo aurait besoin d'une gardienne pour les weekends ou les vacances. La garde partagée. Je nettoierais encore mille fois au moins les traces de pattes sales sur les carreaux de la cuisine, les tapis pleins de poils et sa place à côté de mon lit pendant les sept ans qui lui restaient à vivre. Avec joie!

Chapitre 9

« À BAS LES HORMONES! »

Béco

LE REGARD DU COCHON D'INDE

Une fois lasse de n'avoir comme rapports humains que les conversations éphémères avec la gardienne de Thomas et le gars du dépanneur – fort gentil mais bon, c'était limité – au moment où les chevreuils dans mon jardin ne m'émerveillaient plus, et à l'aube de la maternelle pour mon fils, ce fut le retour à la civilisation verte de la banlieue où vivait toujours Hugo.

Tonie avait recommencé son manège de marquage des tapis, mais avait ajouté celui des murs et des meubles. Encore une fois Hugo vint à ma rescousse en la prenant chez lui. Qui sait? Elle n'en sentirait peut-être pas le besoin. Et si oui, ça ne le dérangeait pas une miette.

Mozart était très souvent chez nous, une perle pour les enfants du voisinage qui le caressaient et l'embrassaient sans qu'il ne réagisse, sauf dans le cas de Thomas, bien entendu. Mais comme mon fils grandissait et avait maintenant de l'autorité, Mozart – quoique je ne lui fasse pas confiance – obtempérait de mauvaise grâce à ses ordres, demandes et besoins d'amour.

Bien conscient des limites imposées par Mozart, Thomas voulait son animal à lui. Petit. Qu'il pourrait prendre et cajoler. Je ne pouvais pas le lui refuser, moi qui a toujours été gâtée de ce côté. Entra alors dans notre vie Bécotine, surnommée Béco, le cochon d'Inde. Espérance de vie : cinq ans, en moyenne.

Béco avait un poil d'une belle couleur marron avec un mohawk sur la tête, ce qui faisait d'elle, en quelque sorte, un cochon d'Inde punk. Point de collier à clous ni de tête de mort dans le poil, non, mais le même regard de « dope » concoctée maison, qui s'accentuera avec l'âge, surtout quand elle sera atteinte de cataractes.

Le cochon d'Inde n'est pas un cochon et ne vient pas de l'Inde, mais d'Amérique du Sud, où il constitue un plat réputé riche en protéines et faible en gras. Tout de même, voir sur une photo le petit corps rôti, les quatre pattes en l'air, accompagné de patates pilées, provoque évidemment un haut-le-cœur chez la personne qui en eu un dans la maison pendant… huit ans.

Oui, huit ans. Notre punkette adepte des endives nous a accueillis chaque matin en couinant pendant huit années. Elle a traversé sans dommages apparents la crise de l'élastique (qu'elle avait avalé en se promenant sur mon bureau), les caresses de mon fils et les courants d'airs. Elle a courageusement affronté le museau géant du chien qui la terrorisait lorsqu'il venait la renifler et elle a patiemment enduré la pousse à la *Edward's Scissors Hand* de ses griffes, qu'on négligeait trop souvent de couper. Elle a supporté les amis de Thomas, supporté la solitude et les longues journées en cage sans sortir, les heures passées oubliée dans le jardin – mais ça, elle adorait – et ce qui fut la grande épreuve de sa vie : la ménopause.

Pour ne pas qu'elle s'ennuie et parce que, vivant la nuit, elle empêchait Thomas de dormir, elle fut bien vite installée dans la salle à manger-salon où les allées et venues de tout un chacun, autant du chien que des chats errants qui entraient, lui ont probablement fait beaucoup apprécier sa cage. Elle menait une petite vie tranquille remplie de légumes et de luzerne. D'ailleurs, avoir des animaux est une alternative coûteuse, mais plus vivante, au composteur : le cochon d'Inde partage les légumes qui finiraient autrement ratatinés dans le tiroir du bas du frigo (le lapin aussi mais ça, c'est pour plus tard), l'oiseau finit la salade (lui aussi s'ajoutera à la maisonnée), le chat est inutile car il lève le nez sur tout, et le chien obtient le titre honorifique de composteur en chef, ingurgitant tout, tout, tout – et je signale que le mien a vécu 13 ans! – en plus de participer au nettoyage en léchant éternellement le plancher de la cuisine.

Béco, donc, menait une vie tranquille ou palpitante, dépendant du point de vue, lorsque qu'elle fut frappée de ce mal qui me la rendit soeur dans le malheur, la ménopause.

Du sang dans la cage. Refus de manger. Qu'arrivait-il à notre Béco? – disons plus à ma Béco, car Thomas, comme tous les enfants, l'a vite considérée comme une sorte de meuble glouton mais nécessaire à son équilibre. Hôpital, observation, tests. Horreur : il fallait une hystérectomie. Une chance sur deux de survivre à l'opération. «On va y penser», dis-je en la récupérant. Je trouvais que c'était trop cher. Mais je dois avouer que je pensais plus à moi qu'à elle, car on venait de me trouver un cancer du sein.

Voilà que le téléphone sonne :

– Bonjour madame, ici l'hôpital vétérinaire. Nous aurions une place pour opérer Béco dans une semaine, le 21.

– Ah… Le problème, c'est que le 21, JE me fais opérer pour un cancer.

– …

– Ce ne sera pas possible. Que puis-je faire là, maintenant, car elle refuse de manger et de boire? (Larmes de Thomas, culpabilité rampante de la mère.)

«Achètes-en un autre! Ça coûte dix dollars!» dit ma mère. C'est vrai. Et je savais que je n'allais pas défrayer une opération.

Mais.

Je l'ai nourrie et abreuvée à la seringue trois fois par jour pendant une semaine. «À partir de maintenant, ma grande, va falloir que tu t'en sortes toi-même» lui disais-je en la tenant serrée et enroulée dans une serviette pour la nourrir de force.

Un matin, je l'ai vue tétant son abreuvoir. Puis, manger un bout de carotte. De la luzerne. La petite bouche s'était remise à grignoter à cent kilomètres à l'heure. Elle s'en sortait. Elle aurait une longévité phénoménale à couler des jours heureux dans le gazon.

Je suis partie à l'hôpital en espérant la même issue pour moi-même. Y compris le gazon dans lequel j'aime m'étendre.

Chapitre 10

« DÉPÊCHE-TOI-TOI-TOI! »

Chimi

LA PERRUCHE QUI MIAULAIT

C'était Noël. Thomas était fasciné par les oiseaux, d'autant plus que son oncle avait une animalerie spécialisée en volatiles toutes catégories. C'était un plaisir toujours renouvelé de visiter le magasin, car nous entrions dans une véritable jungle équatoriale, non par son humidité, mais par ses cris stridents de perroquets de toutes sortes au milieu desquels trônaient les aras. Mêlés à leurs cris, les pépiements de mandarins, les chants de pinsons. Il y avait aussi des Gris d'Afrique qui parlaient et des petites choses multicolores de Chine. C'est de là qu'est venue notre Béco. Et de là qu'a atterri chez nous Chimi, la perruche.

Elle était dans une grande cage avec plusieurs autres oiseaux de son espèce, des bleus, des jaunes, des verts. La cage était située juste à côté du quatre et demi d'un ara rouge flamboyant, qui adorait se pendre d'une patte à l'envers en se balançant, vous attirer en roucoulant des mots doux, attendant que vous passiez outre l'écriteau sur la cage ordonnant de ne pas approcher vos doigts, pour vous mordre en éclatant de rire. Parfois, il faisait le mort au fond de sa maison, roublard comme pas un, attendant de l'aide, pour mordre encore.

Cette année, le père Noël allait apporter une perruche du Pôle Nord. Ce doit être pour ça que j'ai choisi une bleue, enfin, une perruche gelée quoi! Mâle? Femelle? Pas très bonne là-dedans, comme vous l'avez constaté avec Toni-e. Alors quant à déterminer le sexe d'une perruche… Mon beau-frère n'était pas tout à fait certain non plus, mais nous avons parié sur un « il ». Ce qui s'est avéré exact plus tard, lorsque la maturité sexuelle apparut et que le pauvre oiseau, n'ayant pas de femelle à sa disposition, avait adopté sa cloche comme objet de ses désirs.

Seul, Chimi? Pas tant que ça. Il volait à sa guise dans la maison et se perchait à l'envers dans un large miroir où un ami bleu comme lui l'attendait toujours.

Pourquoi l'avoir appelé Chimi? Je n'en ai aucune idée. Le nom a germé dans la tête d'un enfant de 5 ans qui a ses raisons que la raison adulte ignore, comme le cœur. Pourquoi avoir adopté Chimi? Parce que je ne sais pas dire non. Parce que quand il s'agit d'un animal, ma raison me déserte même si je sais fort bien que ça me fera une cage de plus à laver. Mes animaux m'ont toujours permis de défier le côté logique de la vie. Et de le vaincre de temps en temps. Un chien, un cochon d'Inde, un oiseau, bienvenue ménage! Et ça ne s'arrêtera pas là. J'aurai en plus un lapin, un chat et un oiseau. Pas raisonnable, Sylvie.

Sale raison! Si énervante et si nécessaire pour s'y retrouver dans cette vie. Mais sans la déraison, l'inspiration, la création, point de vie autre que la morne fadeur d'une asphalte grise à perte de vue. Nos moments les plus heureux sont tous déraisonnables. Mais pour les savoir heureux, il faut être affublé de raison… hum… Mais je m'égare.

Chimi volait partout, au désespoir de ma femme de ménage. La perruche laissait sa fiente partout, sa marque – comme mes chattes en fait, ce n'était donc rien de nouveau pour moi – ce qui peut justifier, peut-être, une certaine indifférence de ma part face à l'hygiène de base d'une maison.

C'est ainsi qu'après mille explorations, il tomba littéralement en amour; non pas avec moi, non pas avec Thomas, non pas avec Mozart, non. Le choix de Chimi s'est tout naturellement porté vers l'être qui menait une vie tranquille juste sous sa cage : Béco.

Les cochons d'Inde ne sautent pas, raison pour laquelle je gardais toujours ouvert le couvercle de sa cage. C'est ainsi qu'un jour Chimi a atterri dedans. Le flegme proverbial – ou la panique – de Béco ont fait en sorte qu'elle ne bronche pas; ainsi est née une grande amitié.

Chimi s'est attaché à Béco avec toute la force d'amour de son petit cœur d'oiseau. Il passait des heures dans la cage! Il fallait les voir manger à deux une feuille de salade, chacun à son extrémité. C'était hallucinant, incroyable et totalement émouvant, Béco grignotant à gauche, Chimi à droite, dans une parfaite harmonie.

Quand ils ne partageaient pas – littéralement – leur repas, Chimi parlait à Béco. Il faut dire que notre perruche était verbomoteur extrême. Elle commençait à parler dès le lever et ne s'arrêtait que la nuit tombée. Je ne sais pas si Béco lui répondait, mais elle couinait normalement et on aurait dit une conversation joyeuse.

Un matin, je mangeais mes rôties dans le calme et j'entends Béco :
« Couiiiii! Couiiii! Couiiii! ». Je me lève de la table pour répondre
à l'appel de mon cochon d'Inde. Sauf que Béco dort profondément,
enfin aussi profondément qu'un cochon d'Inde toujours en alerte peut
dormir, c'est-à-dire les yeux fermés. « Couiiii! Couiiii! Couiiii! ». Je
lève les yeux : c'était Chimi. Il imitait si bien Béco, que je me suis retrouvée de facto avec deux cochons d'Inde. Par la suite, je n'ai jamais
pu les distinguer l'un de l'autre. Mieux, les deux s'y mettaient parfois
en même temps et ce, dans la même cage, ce qui me plongeait dans le
surréalisme le plus complet.

L'attachement de Chimi pour Béco était formidablement attendris-
sant. Comme sera celui de Rose, notre nouvelle chatte, pour Mozart,
qu'elle voyait littéralement dans ses croquettes.

Je n'oublierai jamais cette scène : dans la salle à manger, un matin
d'hiver, les branches du mélèze qui frôlent la porte-patio sont pleines
de moineaux et de mésanges. Mozart est nonchalamment étendu sur
le tapis. Rose lui fait nombre de caresses en se collant contre lui : elle
en espère en retour, mais ça n'est pas le fort de mon chien. Et Chimi
sautille sur Mozart qui ne bronche pas. Chien, chat et perruche se
côtoient dans la plus parfaite harmonie. Mon cœur était tout sourire,
happé par ce délicieux moment d'absolu.

Absolu qui s'enrichit de Bobby, rejeton de la lapine du meilleur
ami de Thomas. Nouvelle cage à côté de celle de Béco. Je trouvais
quand même que ça commençait à faire beaucoup.

Chimi enrichit régulièrement son vocabulaire. « Allo », « Ça va
toi? » et couinait toujours en chœur avec Béco lorsqu'un samedi matin, Thomas a retrouvé Béco couchée sur le dos dans sa cage.

– Maman!

Je me suis mise à pleurer comme un bébé. Un cœur gros comme
l'univers, une montée de larmes d'enfant. Un chagrin immense. Béco
participait à l'enchantement de cette maison depuis huit ans!

Je savais qu'elle était aveugle depuis un bon bout de temps. Elle
qui avait toujours été bien dodue avec de grosses fesses mangeait,
mais maigrissait. Et voilà. Elle a vécu à la limite de ce que peut durer
la vie d'un cochon d'Inde, voire au-delà.

C'était l'automne et nous avons pu creuser la terre dans le jardin pour l'enterrer – contrairement à ma soeur dont le cochon d'Inde était décédé en février, après un bain; elle l'avait gardé au congélateur jusqu'à ce que ce soit possible de lui faire un enterrement en bonne et due forme.- Croix de bois, chouette en plastique à éventail battant au vent pour veiller sur elle.

Triste silence : Béco nous accueillait chaque matin en sifflant joyeusement. Mais le plus triste, c'était Chimi.

Le pauvre oiseau est tombé dans une dépression affligeante. Il arpentait l'espace où il avait partagé des repas et babillé avec entrain, cherchant Béco. C'est peut-être ce que je trouve le plus difficile avec un animal, cette impossibilité de lui faire comprendre le départ, voire l'abandon, comme à un tout petit enfant. Pendant quelques jours on a devant soi de la tristesse brute, du désespoir, dans ces efforts renouvelés et vains pour retrouver l'amie disparue.

Il ne parlait plus. Restait prostré dans sa cage même si la porte était ouverte. Ne roucoulait plus. Ne couinait plus. Peut-on mourir de l'ennui d'un ami?

Des jours et des jours. Même Rose qui, en vrai chat, n'attendait que le moment propice pour se le mettre sous la dent, ne lui faisait plus peur. Suicidaire en plus?

– Miaow! Miaow!

– Qu'est-ce que tu veux, ma Rose? demandai-je. Mais voilà, Rose n'était pas là.

– Miaow, miaow.

– Rose?

J'ai trouvé la chatte enroulée dans mon lit, à l'étage. Cela ne faisait aucun doute, le miaulement venait de la cage de Chimi.

Après avoir eu deux cochons d'Inde, j'avais maintenant deux chats. Chimi imitait Rose absolument parfaitement. Impossible de le distinguer de Rose. La perruche miaulait comme un chat, son pire ennemi. Elle reprit vie. Mieux valait la présence de son principal prédateur, qu'elle s'est mise à considérer imprudemment comme un ami, que la solitude. Qui, après cela, pourra dire que les animaux ne nous ressemblent pas?

Chapitre 11

« NE T'ABAISSE PAS À MA HAUTEUR, S'IL-TE-PLAÎT! »

Rose

ROSE, ROSE, À L'ACCENT QUE J'AIMAIS

J'en avais assez! Je ne voulais plus d'animaux. Je suis allée avec mon fils chercher sa nouvelle petite chatte pour ne la garder que quelques jours, avant de l'emmener dans sa vraie maison : celle de Hugo.

Il avait fallu se résoudre à emmener Tonie chez le vétérinaire, car elle était atteinte d'un cancer de la bouche qui l'empêchait désormais de manger. Elle s'est éteinte doucement à l'âge de 19 ans et 11 mois. Rose allait la remplacer.

Un amour de chaton, pas plus grand que la paume de ma main, noir et blanc, angora, les yeux bleus déjà curieux comme le sont ceux des chats. Oui, elle est partie chez Hugo. Non, elle n'y est pas restée longtemps.

Cette fois-ci, c'était mon tour de récupérer de chez lui un animal dont il ne pouvait s'occuper, n'étant jamais chez lui. «Pauvre petite chatte, toujours toute seule! On ne peut pas la laisser mourir d'ennui!» Elle fut donc réintroduite dans notre royaume où elle devint bien vite ma chatte bien-aimée, enroulée sur le fauteuil de mon bureau quand je travaillais, au pied de mon lit la nuit ou sur le sofa près du feu, quand je regardais un film.

Rose est toujours restée petite, mince et princesse. Miaulement-clochette, poil bien lavé et lissé, appétit… d'oiseau (elle ne mangeait pas jusqu'à ce qu'elle voit le fond du plat comme quelques autres goinfres bedonnants), démarche distinguée, manières parfaites, bref, une vraie femelle… Tout le contraire de mon Mozart, qu'elle aimait passionnément et méprisait tout la fois.

Chaque fois que Mozart arrivait, de chez Hugo ou simplement d'une promenade, elle accourait, l'accueillait à la porte, lui faisait une fête en se frottant contre lui, ronronnait pendant qu'il la reniflait, un sourcil en l'air, bien vite indifférent.

Quand venait le soir, Mozart tournait dix fois sur lui-même avant d'enfin se coucher par terre, le dos collé à mon lit – on ne sait jamais! il faut protéger ses arrières d'une attaque éventuelle!- Rose arrivait, altière, passait entre ses pattes, sautait sur le pied du lit, s'allongeait et le regardait de sa position élevée, l'oeil hautain et l'air de dire : « Moi, j'ai le droit de venir dans le lit, pas toi. » Lui me lançait toujours un regard implorant, ou appuyait alors sa tête sur le matelas, suppliant : « T'es certaine que je ne peux pas y monter ? Vraiment certaine ? ». Oui. Il était trop gros et prenait toute la place.

Il y a eu des soirs où j'avais ma maisonnée avec moi, y compris mon petit garçon qui venait nous rejoindre prétextant un cauchemar ou de la difficulté à dormir. Je m'endormais alors avec le sourire, écoutant la respiration régulière de Thomas, le ronflement de Mozart (alors que je ne l'ai jamais supporté chez un homme), le silence de Rose si légère sur mes pieds froids. Moment de grâce veillant sur mon univers paisible et endormi, satisfaction d'avoir fait ma job et respecté mes engagements envers eux, cette journée-là. Demain ? Je ne savais pas. Mais c'était demain. En rémission de cancer, j'étais brouillée avec le mot « demain ». Vivant essentiellement dans le présent, je commençais donc à ressembler à un animal. Ce qui signifiait pour moi une nette évolution vers une forme de vie supérieure.

Je ne sais pas si vous avez déjà fait cet exercice, mais il est très amusant, dans une réunion, un souper ou dans le métro, d'essayer de déterminer à quel animal ressemble une personne. On dénombre beaucoup d'oiseaux et de rongeurs, des poules, des coqs, des aigles, des souris, des rats, des écureuils, mais aussi, des ours, des chiens, des chats, des poissons, des lézards, des mouches, des têtes de moutons, de bovins. Quand on cherche, on trouve toujours une forme d'animal superposée sur une tête parlant, riant, lisant, endormie, ou les yeux fixes, comme lorsque qu'on regarde un nuage et qu'on y voit cheval au galop ou tortue de mer. (Je m'ennuie rarement, moi).

Auquel de mes animaux ressemblais-je, au plus fort de la ménagerie ? Quand se côtoyaient dans ma minuscule maison, chien, chat, oiseau, poisson, lapin, cochon d'Inde ? Hum. Ça devait changer avec les jours. Mais Rose et moi… Quoiqu'elle était une vraie princesse et moi, simplement, une princesse de Rosemont. Je crois que, comme bien des gens, c'est à mon chien que j'ai le plus ressemblé : même regard médusé et idiot devant toutes ces choses de la vie que je ne comprends pas.

Rose vivait donc en harmonie avec Chimi. Jusqu'à une certaine limite. Elle savait qu'elle n'avait pas le droit de toucher à cet oiseau. Quand il volait à sa guise, elle me lançait un regard que j'ai interprété ainsi : «es-tu bien sûre que je ne peux pas sauter dessus?» puis, s'en allait. Mais quand Chimi décidait d'aller picorer des miettes de pain sur le tapis de la salle à manger, là, c'était franchement au-delà de sa capacité de contrôle. Il était là, à 15 centimètres d'elle, offert sur un plateau d'argent. Elle se plaçait en position d'attaque, immobile, raide, les yeux rivés sur la perruche qui s'empiffrait innocemment, puis, ses pattes arrières commençaient leur martèlement du sol, signe du bond imminent. Il fallait intervenir avant qu'elle n'en fasse qu'une bouchée.

Avec les oiseaux du dehors, par contre, pas de quartiers! À mon souvenir, elle n'en a jamais capturé un! Mais, il arrivait parfois qu'un perdu se coince dans la cheminée du poêle à combustion, et, incapable de remonter, atterrisse dans l'âtre, voletant et en panique. Rose s'installait devant la porte – c'est ainsi que j'apprenais la présence d'un oiseau – et attendait que je l'ouvre. Je n'existais plus, le fauve se réveillait.

J'ouvrais alors toute grande la porte du patio avant celle du poêle. Les oiseaux ont le don d'aller se fracasser le crâne contre les vitres même si elles n'ont pas été lavées depuis un an et qu'on voit à peine dehors, comme chez moi, surtout quand le soleil frappe en plein dedans. Que d'espoirs déçus pour la pauvre Rose! L'oiseau filait si vite qu'elle n'avait que le temps de se demander ce qui venait d'arriver! Il y en a bien un ou deux qui se sont lancés dans toutes les fenêtres sauf celle ouverte, c'est obligatoire, et qui tombaient par terre complètement sonnés, mais je n'avais pas le cœur de la laisser les égorger. Je les ramassais et les emmenais dehors, les gardant dans mes mains jusqu'à ce qu'ils retrouvent leurs esprits et leurs ailes. Je soupçonne même que le même oiseau ait refait le manège tuyau-poêle-porte juste pour le plaisir du sport…

Rose aimait bien s'asseoir à côté de l'aquarium où nageait Wooshi, un *betta* rouge et bleu, et, après avoir vérifié qu'elle avait le champ libre, plongeait sa patte dans l'eau pour le capturer. Il y a un bon Dieu pour les *bettas* car je l'ai toujours attrapée à temps.

Rose n'était pas une colleuse, mais elle me suivait partout. Quand elle ne m'avait pas vue me coucher, je l'entendais miauler, ce qui signifiait qu'elle me cherchait; je l'appelais, elle retontissait en vitesse, chicanant «comment ça, tu t'es couchée sans me le dire?». Elle chicanait triplement quand je partais pour quelques jours et l'abandonnais avec une montagne de nourriture. «Où c'est que t'étais?!» ronchonnait-elle à mon retour. Mais elle ne supportait pas la voiture et moi, elle dans la voiture, avec sa plainte de chat torturé, égorgé, maltraité.

Rose était ma chatte à moi, mon amour, ma présence indispensable et ronronnante, sauf lorsque l'été lui permettait des virées nocturnes dans la jungle de la cour arrière. J'imaginais la garder vingt ans, elle aussi.

Jusqu'à mon fils, mes animaux ont été la seule permanence de ma vie. Ils m'ont gardée sur terre et m'ont donné en cadeau un soupçon de cette responsabilité, de cette utilité, nécessaires à mon équilibre. Mais ils meurent.

La mort de Rose fut une rupture de plus, dans la longue suite des séparations douloureuses d'une vie. La perte est dure, mais elle rappelle le trésor qu'on a eu dans ses mains.

Chapitre 12

*« J'AI DE VIEUX OS, JE SAIS, MAIS TANT QUE
TU M'AIMES JE SUIS CONTENT »*

Mozart

LA MORT ANNONCÉE DE MOZART

Il ne voyait plus très bien et il était pratiquement sourd. Il n'arrivait plus à traverser la cuisine sans tomber, glissant sur le carrelage, et il mangeait toujours couché, son bol entre les pattes.

Il ne pouvait plus ni monter, ni descendre l'escalier sans aide. Chaque soir, depuis plusieurs mois, je tenais ses pattes de derrière pour l'aider à monter vers ma chambre, car il était trop malheureux de rester en bas. Chaque matin, je l'aidais, marche après marche, car la seule fois où je l'ai laissé faire tout seul, il a déboulé jusqu'en bas.

Il pouvait marcher un peu sur le trottoir, mais pas sur la neige et encore moins sur la glace. Il était maintenant incapable d'aller dans la cour. Il ne pouvait plus sauter la marche de l'entrée sur le côté de la maison pour sortir.

Mais il mangeait toujours et dormait.

L'hiver approchait. La neige, la glace, l'impossibilité d'aller dehors. Il était trop lourd pour que je le transporte. Il tombait très souvent dans la maison, se faisait mal. Il mettait toute sa bonne volonté de brave chien et des efforts *suranimaliers* pour chaque pas, pour essayer, sans succès, de suivre. Il avait mal.

Il y avait longtemps que tout un chacun me conseillait d'abréger sa vie sans aucun plaisir. Mais il avait encore le plaisir d'être avec nous, sa meute, qui est l'ultime désir d'un chien. Puis, je me suis rendue à l'évidence.

Hugo et moi avons décidé que c'était le temps. Il avait 13 ans et ½, et avait eu une très belle vie.

En écrivant ceci, j'essaye encore de justifier ma décision d'alors. Je me sens coupable, même si je me suis fait dire chez le *vet* : « les animaux ont cette chance qu'on puisse décider de les endormir tout doucement quand le moment est venu ».

C'est une horrible responsabilité. J'aurais espéré que ça aille comme Béco, qu'un jour on le retrouve mort dans son sommeil, tout simplement. Mais ce ne pouvait être ainsi. Il fallait annoncer notre décision à Thomas, surtout ne pas lui refaire le coup Poppy.

Mon fils a beaucoup pleuré, protesté, imploré, demandé du temps. Le temps de passer à travers sa peine à lui. Ce qu'il a réussi.

Nous avons pris un rendez-vous pour la fin de novembre. Il restait dix jours. Dix jours à le cajoler, à lui offrir des steaks et toutes les gâteries imaginables, à nous étendre par terre avec lui en serrant son cou frisé, sentant son souffle chaud et son haleine fétide. Il a dû se demander ce qu'il avait fait pour mériter ce traitement de chef de meute et regretter de ne pas avoir trouvé le truc bien avant.

«Au fait quel truc?» Oui, quel truc, Mozart? Jusqu'à la fin tu auras eu ce point d'interrogation éternel qui te faisait pencher la tête de côté, relever les oreilles et essayer tellement fort de comprendre ce qu'on te disait, ce qu'on attendait de toi, cherchant à t'accrocher à un mot que tu connaîtrais. Tu auras essayé de nous, de me comprendre beaucoup plus que nous ne l'avons fait pour toi.

Tu as été de tant de voyages, de promenades en forêt, en montagne, sans laisse même si c'était interdit. Tu as été de la campagne et de la banlieue, des étangs et des lacs, des trous d'eau et de boue, compagnon toujours fidèle et heureux.

Tu as griffé le dos d'un copain qui nageait près de toi; tu as presque fait s'évanouir les gens qui te voyaient entrer gaiement dans leur maison et qui se rappelaient nous avoir invités, mais pas toi; tu as sauté sur mille personnes horrifiées de tes pattes sales sur elles, ou apeurées par ta taille; tu as fait pipi sur le tapis de la salle à manger de ma mère à Noël, mais elle ne l'a jamais su; tu as volé de la nourriture, mais enfin, on n'avait qu'à ne pas la laisser à ta portée; tu as mendié, léché des mains ennemies; tu m'as arraché les bras chaque fois qu'on allait chez le vétérinaire où tu n'entrais que de force, geignant un «sortez-moi d'ici tout de suite, *please*!»; on te trouvait trop gros, trop nono, mais tout le monde t'aimait bien.

Et Hugo, Thomas et moi, on t'adorait.

Tu le savais, ça, même si on te grondait parfois, si peu, même si on n'avait pas toujours envie de sortir avec toi. Tu as vite compris que tu n'avais pas une, mais deux maisons, et cela élargissait ta meute. Ton odeur est à jamais imprégnée dans le sofa de Hugo dont il ne se débarrassera jamais. Ton collier brodé de ton nom avec ta laisse, je les ai gardés, ne t'en fais pas, avec les mille photos toutes pleines de la vie et du bonheur et des tracas que chacun apporte avec soi, humain ou animal. Tous les jours, tu apparais sur l'écran de mon ordinateur quand je l'allume.

Tu as mené une belle vie de chien et régné dans la chaumière. Grâce à Hugo qui t'appelait Zomart et qui a fait en sorte que tu restes là avec la multitude des joies à venir.

Oui, tu as eu un instinct très sûr le jour où tu t'es avancé vers moi, à la ferme. Tu as bien appris le commandement « viens » et tu fus toujours à l'appel. Tu avais une famille, quoique éclatée, et nous avions un chien.

Hugo et moi t'avons tenu le cou, les pattes, le corps entier en pleurant comme des enfants et tu t'en es allé tout doucement. Et tu me manques terriblement.

Chapitre 13

*« ÇA PREND JUSTE UN PEU DE PATIENCE POUR LES
METTRE À SA PATTE. »*

Squeeggie

LE SYSTÈME D DE SQUEEGGIE

Il a traversé la cour un beau matin d'été, inconnu dans le voisinage. Il est repassé par chez nous un peu plus tard. Puis, il a sauté sur ma chaise longue pendant que je lisais, s'allongeant en ronronnant le long de mes jambes. Tout le long. Il devait faire au moins six kilos, sans aucune trace de graisse, et mesurer 60 centimètres, sans la queue. Mis à part sa taille de géant, c'était un chat assez banal, tigré. Il était affublé d'un nez particulièrement gros, ce qui prouvait, sans même l'avoir vérifié, qu'il s'agissait d'un mâle.

Il faisait chaud, il était fort bien dehors, allait et venait – venait surtout – s'allongeait sur la balustrade entourant la terrasse, la tête haute, élégant, droit, fier, mystérieux et il restait à nous regarder, l'oeil mi-clos pendant que nous mangions tranquillement. Il posait, charmait, nous apprivoisait lentement, gagnant peu à peu ma confiance. La première fois que nous l'avons vu demander d'entrer dans la maison, il était debout sur ses pattes arrière et pédalait dans la fenêtre de la porte patio. « Il nettoie la vitre, maman! », lance Thomas. C'est à ce moment qu'il lui a donné son nom : Squeeggie

Il était tout doux et n'avait pas de griffes aux pattes avant : ou bien il avait été abandonné par des humains qui n'en méritent pas le nom, ou bien il s'était sauvé lors d'un déménagement, ce qui arrive, je savais bien, sans trop me faire d'illusions. Mon cœur de pierre fendillait, mais je résistais : il n'était pas question de l'adopter! J'avais déjà Rose. Et Chimi. Et Bobby la lapine.

Squeggie squattait littéralement ma terrasse et mon jardin. J'avais l'espoir que mon voisin l'adopte, mais sa mère refusait catégoriquement.

– Si tu es encore autour dans un an, je t'adopterai, dis-je à Squeeggie, alias Gros Minou, tout simplement.

Cruel, je sais. Mais je le nourrissais tout de même. Remarquez que je savais très bien au fond de moi que je réviserais mes positions une fois les grands froids venus. Mais ils ne sont jamais venus, l'hiver ayant été cette année-là, particulièrement clément. Ce qui fut un grand soulagement: car je fus très malade, un autre cancer, et il m'était pratiquement interdit de toucher à un animal. Encore moins, un animal errant. Et surtout pas à une litière. Ce fut l'année des gants en caoutchouc et des mille lavages de mains par jour.

Malgré tout, je laissais entrer Squeeggie pour qu'il mange et se réchauffe, en cachette des amis qui me surveillaient. Curieux : si c'était mon fils qui avait été malade, j'aurais résisté. Mais comme ce n'était que moi, et que la présence de Squeegie était un autre rayon de soleil dans cette noirceur, je transgressais les interdictions. Patiemment, tous les jours, il venait faire son tour et recevoir sa ration. Mais je n'y touchais pas. Le printemps finit par se montrer le bout du nez, avec son cortège de menaces du genre rage et puces.

Chimiothérapie oblige, je décidai de rendre service en même temps à Squeeggie et à moi pour éviter les maladies et infections menaçant mon système immunitaire à plat, ainsi que les puces dans la maison. D'autant plus que n'ayant pas de griffes, le pauvre allait devenir fou! C'est donc, gantée et avec l'aide d'un ami qu'un beau jour de mai, j'apportai deux chats chez le vétérinaire.

Comme d'habitude, Rose ne fit rien de plus que se recroqueviller sur elle-même en attendant que ça passe. Mais Squeeggie avait plus de caractère : il a fallu le tenir à quatre mains et pour la première fois depuis qu'il avait surgi dans ma vie, je le vis feuler et devenir agressif.

– Ce chat a environ huit ans, il est castré, et n'a pas non plus de griffes aux pattes de derrière, observa le vétérinaire.

Mon pauvre Squeeggie! Absolument pas armé pour se défendre, se sauver en grimpant aux arbres, chasser même! C'était décidé : je l'adoptais. Et puis, je devais tenir ma promesse : ça faisait presque un an qu'il était là, à attendre.

L'adopter n'a strictement rien changé, ni dans sa vie, ni dans la mienne. Il continuait à entrer, manger, sortir et disparaître jusqu'au lendemain, pour retontir invariablement le matin.

Je lisais sur le balcon, un bel après-midi lorsque, à travers un trou sans branches de la haie séparant nos maisons, mon voisin me lance :

– Il est toujours chez vous, han, mon chat!

Son chat???!!!

– Je pensais que ta mère n'en voulait pas?

– Elle a changé d'idée.

– Oui, mais, je l'ai amené chez le vétérinaire, je l'ai fait vacciné et tout…

– Pardon?

– Oui, contre la rage et les puces.

Il éclate de rire :

– Ben, nous autres aussi.

Consternation!

– C'est pas vrai! Il s'est fait vacciner deux fois??!!

– On dirait.

Regards innocents de Squeegie, allongé au soleil à mes pieds. Ah! Il s'était bien débrouillé, ce chat! Pas une, mais deux maisons, il avait! Grassement nourri dans deux cuisines! Comment ne pas s'y attacher doublement?

– Madame, euh… pensez-vous que c'est bon pour deux ans, les injections?

C'est donc en toute connaissance de cause, que mon voisin et moi nous en occupons, enfin, mon voisin considère toujours que c'est SON chat. Mais c'est Squeeggie qui a décidé, en fait, et je crois, qu'il a deux chez lui, dormant d'un sommeil de propriétaire l'après-midi dans le lit de Thomas – encore là, il a su d'instinct comment s'attirer les faveurs de mon fils, qui fut toujours déserté par Rose – et déguerpissant à côté lorsqu'il hume le rôti de boeuf.

Il continue de mener sa vie de bum de la rue. Quand il sent bon, je sais qu'il vient de passer plusieurs heures dehors; quand il pue la cigarette à plein nez, il arrive de chez le voisin. Alors, on le remet dehors. Ce qui est fabuleux, c'est que je peux partir en vacances l'esprit en paix, sans être obligée de lui trouver une gardienne.

Même Rose le tolère, alors que le tigre sanguinaire qui sommeille en elle se réveille lorsqu'il s'agit de chasser les autres chats de son territoire. Ce n'est pas peu dire!

J'aime à ce point ce chat que je n'ai même pas pu lui en vouloir quand il s'est transformé en assassin de la pire espèce.

Squeeggie a dormi quelques nuits à la maison. Quand je vais me coucher, que je le trouve dans le lit de Thomas en ayant complètement oublié que je l'ai fait entrer, et qu'il ouvre à peine un oeil interrogateur se demandant : « bon, est-ce qu'elle va me mettre dehors? je suis tellement bien », alors je l'abandonne au luxe d'une couette bien épaisse. Bon, il demande la porte à cinq heures du matin, mais enfin. Je me lève sans rechigner. C'est étrange, tout de même : je ne ferais jamais la chose pour un homme qui me réveillerait à l'aube, je veux dire, me lever docilement. Ou plutôt si : je ferais pareil et je le mettrais dehors.

Cette nuit-là, je mets Squeeggie dehors à son heure habituelle et retourne me coucher, zombie. Mais au lever…

La première chose qui accroche mon regard, c'est une plume bleue sur le tapis jaune. Puis, une autre à côté. Puis Chimi, raide, le cou cassé et tout à fait mort. Ne manquait sur son petit corps que la chair de la poitrine, la meilleure partie. Horreur!

Il y avait des plumes sur le comptoir de cuisine, dans la salle à manger, dans le salon. Comment diable avait-il pu l'attraper, alors que mon oiseau pouvait se réfugier sur les tringles des rideaux? (où il s'était d'ailleurs mille fois perché). J'ai fouillé dans ma mémoire pour chercher l'image de Squeeggie, la nuit : avait-il une plume dépassant de sa gueule?

Pauvre, pauvre Chimi! La lutte fut longue. Et moi qui n'ai rien entendu! Retour de la damnée culpabilité. Un autre deuil à faire. J'ai vite ramassé ma perruche si légère avant que Thomas descende. Il a été catastrophé, évidemment! Ne voulait plus jamais laisser entrer ce maudit chat. Qui attendait patiemment qu'on lui ouvre, l'air totalement innocent. « Quoi? Moi? Moi? Oui, bon, peut-être, mais enfin, c'est de ta faute! Ton oiseau, il fallait le tenir dans une cage fermée! La porte était ouverte! Tu tentais le diable, ma petite. Je n'ai ni griffes ni testicules, mais attention : je suis un chat! Très tendre la poitrine d'ailleurs, meilleure que celle des vulgaires moineaux. Quand est-ce que tu en achètes un autre? Et la bouffe? Il n'y a rien dans mon plat. »

Comme si de rien n'était. La nature quoi. Dans sa cruauté, sa splendeur, son innocence.

Par contre, les poissons rouges, ça ne dit rien à Squeegie. Très pointu dans ses goûts. Quoique le gravlax soit un succès. Ce doit être le gros sel.

Pauvre, pauvre Chimi. Nous l'avons enterré à côté de Béco, sa tendre et meilleure amie.

Chapitre 14

« TI-GALOP, TI-GALOP, TI-GALOP »

Tara, Rag et Jessie-Belle

LE POUCE POILU

Certains de mes animaux ayant largement dépassé leur espérance de vie normale, je me suis un jour affublée du titre honorifique de «pouce poilu». J'ai par ailleurs toujours été pourrie avec les plantes, quoique depuis que je leur dis : «je vous nourris, astheure, faites comme moi, débrouillez-vous», elles poussent sans rechigner, devant mon plus grand étonnement, se laissant même grignoter au passage par Bobby, notre lapin, qui est devenue Bobinette, le jour où nous avons compris, à cause de la présence de mamelles, que nous avions une lapine. Décidément, les genres, c'est pas mon fort.

Bobinette passe sa vie dans la cuisine, dans le va-et-vient entre le frigo et la dépense, où ce n'est pas l'action qui manque. Depuis qu'elle a consciencieusement sectionné le fil de la lampe et celui du système de son du salon, nous avons rétréci son aire de jeux à la salle à manger lorsque nous la sortons pour son exercice quotidien. Ses griffes adhérant à merveille au tapis, elle court à toute vitesse autour de la table je ne sais plus combien de fois; aux Olympiques des grandes oreilles, elle se classe première, et première aussi quand il s'agit de nous échapper quand on veut l'attraper pour la remettre dans sa cage. Thomas et moi, avons l'air aussi fous que ma mère courant après Gaspard, le canard. Même Squeeggie, que la grosse souris noire à la queue minuscule intéresse, ne peut l'attraper et, lorsqu'elle fait volte-face, il se sauve à toute vitesse. Mademoiselle Bobinette a un sale caractère et ses dents bien effilées lui servent de pétards à la farine.

Je ne peux pas ne pas mentionner avant de terminer ce livre le passage récent et très éphémère de Mr. Leroux, un chat somptueux qui a élu domicile chez nous… une semaine. C'est ça, les bellâtres! Ça sait que ça séduit et ça butine d'une fleur à l'autre.

Ni omettre de vous dire que je me suis mise à l'équitation et que mon premier cheval, Tara, avec ses yeux sensibles, devait porter des lunettes de soleil. Que Jessie Belle a le cou légèrement croche et les oreilles inégales, car à sa naissance, elle est restée bloquée dans le canal utérin de sa mère. Que Rag est une peluche de 1000 livres qui s'amuse de mon inexpérience et adore mesurer sa volonté à la mienne. Que tous les autres à l'écurie ont chacun leur caractère, mais je ne connais encore ni Flash, cet athlète noir, ni Sakura la bombe turbo, ni le géant Rhum qui est à la retraite. J'aime le clop-clop-clop des sabots sur le ciment, le hennissement de l'un, l'autre qui s'ébroue dans son box. Et encore et toujours cette odeur de foin, et d'animal.

J'aime brosser les chevaux, passer ma main sur leur poil doux, suivre les formes généreuses de la tête jusqu'aux fesses, de la cuisse jusqu'aux sabots à curer promptement en tenant chaque patte. J'aime leur parler, dire à Jessie-Belle à quel point elle est belle, à Rag qu'il est un bon cheval même s'il est un peu hypocrite et paresseux. J'aime les seller, les brider, les flatter, leur refiler des carottes et des pommes pour les amadouer et les récompenser.

Il y a vingt-cinq ans de cela, je suis entrée dans la réserve indienne des Amérindiens Black Foot, en Alberta. Nous allions avec Blue Eyes et ses parents chez un ami, Steve, éleveur de chevaux. Dans la grande plaine albertaine, au pied des Rocheuses, nous roulions lentement sur une petite route menant au ranch. De chaque côté, une harde de chevaux sauvages immobiles et curieux nous regardait passer, alerte, prête à fuir. Vision de paradis, telle que j'aimerais m'y retrouver, digne, belle et libre. Ces chevaux-là, même s'ils vivaient près de chez lui, Steve n'a jamais essayé de les capturer.

Je ne connaissais rien aux chevaux et, comme tout le monde, je les trouvais magnifiques, en même temps que j'en avais peur. Steve élevait des chevaux à la manière douce; pas question de «casser» un cheval, ce qui est très cruel. «C'est plus long, mais j'aime mieux ça», me dit-il. Le cheval n'était pas une marchandise, mais un être qui pouvait souffrir.

Steve ne savait pas trop combien d'enfants il avait, mais de chevaux, oui. Il s'est bien amusé de moi en m'entraînant dans le paddock et en me suggérant d'essayer de toucher aux juments et à leurs poulains qui s'y trouvaient: peine perdu. Chacun se sauvait dès que j'approchais ma main à quelques centimètres à peine. Bien frustrée, la Sylvie. Pour se faire pardonner, il m'a proposé une randonnée sur SON cheval, avec son fils. «Il n'y a rien à craindre, me rassurait mon beau-père, tout content, tu ne pourras jamais monter un meilleur cheval. C'est un grand honneur que te fait Steve, car il ne prête jamais son cheval. À personne.»

Cette chevauchée fut un des très beaux moments de ma vie. Un des souvenirs qui sort régulièrement de son tiroir pour me rappeler l'élan, l'euphorie, le bien-être du galop tout long, tout doux, tout soyeux, dans le blé déjà haut, sous un soleil étoilé, le vent chaud d'été dans la crinière du cheval blond et coulant sur moi comme une caresse. Jamais je n'ai ressenti un tel moment de liberté. Je galopais et chaque pas m'entraînait dans l'ivresse de vivre.

Je n'ai plus remonté sur un cheval par la suite.

Et voilà qu'une amie me parle d'équitation. Moi qui sortais d'une petite mort d'un an, je n'arrivais pas à revivre encore. «Tiens, pourquoi pas? Une nouvelle vie vient avec une nouvelle activité. Mais je suis probablement trop vieille pour ça», pensai-je.

Visite à l'écurie, coup de cœur, premier cours. Premier saut – non pas réel! – dans ce souvenir lointain d'un après-midi de juillet dans l'Ouest, quand la vie me souriait. Depuis, rien ne peut me faire manquer ma séance hebdomadaire (et plus, quand je peux). Dussé-je un jour emprunter à Séraphin, lui-même, pour y aller! J'ai des bleus, des courbatures, des coupures, bref, je suis vivante.

«Monter à cheval? Voyons donc!», dit ma mère, qui a fini par ajouter: «Pourquoi pas!». (Tiens, on lâche prise)

J'ai une affection particulière pour Raglan Road, dit Rag, qui personnifie le vrai mâle, humain compris: il est très gentil, mais au moment où on s'y attend le moins, il mord. Ouais, bon, moi aussi je suis capable de ça. Peut-être qu'au fond, j'aime Rag parce qu'on se ressemble.

Puissant, musclé, sûr de lui et misanthrope, il n'aime pas être brossé et abhorre les chaînes attachées à son licou lorsqu'il faut le panser et le seller. Cet athlète à l'avenir brillant de coureur a, malheureusement pour son propriétaire, développé une insuffisance pulmonaire. Finies les courses folles et les podiums, mais on est loin de là, lui et moi ensemble.

Quand je monte sur le dos de Rag, c'est l'enchantement. En fait, j'ai l'impression qu'il ne pourra rien m'arriver de fâcheux. Pas juste l'impression, je le sais. Encore ici, un peu comme ce à quoi on s'attend dans la vie avec un homme, soit l'illusion, à son bras, que rien ni personne ne pourra plus nous faire de mal. Même quand il s'emmêle dans ses sabots, même quand il baisse l'encolure pour me tester, même quand je dois me fâcher, je suis bien sur lui. Et quand il coopère de bonne grâce, je change de vie, j'entre dans le moment présent avec une joie sans égale.

Je ne pense à rien d'autre qu'à faire corps avec lui, à garder mon équilibre, à abaisser mes talons, à serrer les mollets, les cuisses, et à tenir mon dos droit pour que je vole avec cet être vivant, cette masse gigantesque à la volonté propre qui respire, écoute, se braque et proteste.

Il me soulève et m'élève et il attend de moi que je parvienne – trop lentement – à me faire clairement comprendre, à lui donner des ordres précis pour ne faire qu'un avec lui, en parfaite harmonie dans nos mouvements. J'y arriverai. Pour mon bonheur, tout simplement.

Quand j'ai enfin galopé avec Jessie-Belle, je suis entrée au ciel de mon vivant.

J'ai appris que les chevaux sont en général des animaux très curieux, très doux et très gentils, qu'ils sont très intelligents et très communicatifs. Dès que j'entre dans l'écurie, chacun lève la tête, jette un œil, s'approche de l'entrée de son box si je le salue par son nom. J'ai toujours l'impression qu'ils veulent me parler. Ils détectent immédiatement dans quel état nerveux vous êtes, et lorsque vous êtes sur leur dos, vous ne pouvez plus rien leur cacher, ni le moindre frisson de muscle, ni la moindre tension de nerf, ni la joie, ni la peine. J'ai appris qu'il y a d'autres manières de savoir combien ils pèsent que de se mettre le pied en dessous d'un de leur sabot (aie!) et qu'emmener brouter sa monture après le travail est un plaisir aussi grand pour la cavalière novice que je suis, que pour le cheval.

Mais surtout, j'ai compris avec Jessie-Belle que si je me sens si légère sur elle, c'est peut-être parce que pendant cette heure de grâce c'est elle qui me porte, alors que le reste du temps c'est à moi

116

qu'incombe la tâche de porter ma vie et celle des miens.

L'euphorie de la liberté n'est pas un sentiment qu'on vit en solitaire : c'est un moment partagé, mené à sa plus vive intensité lorsqu'il l'est avec un cheval qui vous l'offre généreusement, comme si donner était la chose la plus naturelle qui soit. Bien sûr, il espère carottes et pommes en retour ; c'est si peu, si minime, si dérisoire comparé au cadeau qu'on a reçu de lui.

Et puis, le cheval s'offre aussi à l'être humain pour le rendre heureux. Comme Fakir.

Fakir était un cheval blanc flamboyant qui, comme sa maîtresse, Diane, adorait faire des prouesses. Il s'était calqué sur cette femme si vive et exubérante qui déplaçait de l'air comme une tempête. Pendant des années, le cheval et sa cavalière adoraient se donner en spectacle et impressionner la galerie, ne ménageant aucune surprise, aucun truc, aucune acrobatie pour séduire leur public. Jusqu'à ce que Diane tombe malade. Pour ne jamais guérir. Atteinte d'un cancer du sein foudroyant, Diane est partie un jour avec sa valise dans une maison spécialisée pour ne plus en ressortir et attendre la mort. Dans son box, Fakir attend inutilement quelqu'un qu'il ne reverra plus.

Le téléphone sonne à l'écurie :

– Bonjour, madame, ici la maison de soins : croyez-vous qu'il serait possible d'amener Fakir à Diane ?

– Amener Fakir ? Là-bas ? Euh…

Branle-bas de combat à l'écurie : l'entraîneure prend les choses en main, multiplie les appels à tous pour un coup de main : en quelques heures tout est prêt, Fakir monte dans la remorque d'un autre pensionnaire dont le propriétaire est venu à la rescousse et il prend la route.

Diane est très faible. Mais on l'installe dans une chaise roulante, et on l'emmène avec précautions au soleil. Elle met un moment avant de comprendre, de reconnaître la forme blanche qui l'attend dehors. Fakir. Et elle se met à pleurer. Autour c'est le silence, chacun retient son souffle et son émotion.

Fakir, qui a toujours été nerveux, voire presque dangereux dans ses mouvements brusques, s'approche tout doucement de celle qui fut son amie pendant tant d'années. Il la renifle, caresse son bras avec son museau chaud, ses mains, sa joue, il lui fait une fête tout en délicatesses. Diane le flatte de ses mains mouillées de larmes de bonheur, l'embrasse, le serre de toutes les minuscules forces qui lui restent.

Diane parle à Fakir qui comprend tout jusqu'à son souffle. Mais bientôt, elle ne tient plus. Elle ne veut pas se séparer de Fakir, elle pleure, elle sait bien que c'est la dernière fois, mais elle va s'effondrer. On la ramène à sa chambre. Fakir remonte dans la remorque et repart. Une semaine après, Diane est décédée. Le dernier moment de joie de sa vie aura été celui passé avec son cheval…

Et Fakir? Dans un élan de bonté et de noblesse dont les humains sont capables, les clients de l'écurie décident de payer la pension tous ensemble, pour éviter à Fakir de quitter sa maison et d'être vendu. Mais un an plus tard, la situation commence à devenir problématique. À l'écurie, il y a un cheval adoré que sa propriétaire, après avoir tout tenté pour le sauver, devra faire endormir. «J'ai prié Diane de s'occuper de mon cheval, là-haut, dit-elle, et je lui ai promis de m'occuper du sien».

Fakir est toujours là, vieux cheval de 29 ans.

En quittant l'écurie l'autre jour, j'ai salué Fakir en pensant que moi aussi j'aurais pu mourir. En pensant que les chevaux m'ont amenée peu à peu à revivre. (Tiens, Mozart). J'ai donné sa gâterie à Rafale, la belle chienne de l'écurie, chef incontestée de tout être vivant de cette immense niche. Rafale qui venait de céder gracieusement son immense coussin à la chatte qui venait d'accoucher dessus de trois chatons, Rafale qui agira à titre de gardienne de la portée, ramenant au bercail les petits qui s'aventureront trop loin.

Il faisait soleil, le Richelieu brillait, les chevaux en liberté liés d'amitié se tenaient tête-bêche et partageaient leur chaleur. Images que l'on voudrait voir figées devant soi pour toujours, moment de sérénité et d'apaisement pour l'être nerveux et apeuré, à l'avenir si incertain, que je suis. Tiens, mon signe chinois, c'est Cheval.

Chapitre 15

« C'EST SI SIMPLE, LA VIE, SYLVIE : LA LIBERTÉ, LA BOUFFE ET LA DOUCEUR, LE BONHEUR, QUOI! »

Mes animaux

NOTDOG, LE CHIEN LE PLUS LAID DU VILLAGE

Ce n'est pas un vrai chien, mais c'est avec Notdog que j'ai long-temps gagné ma vie. Il a fait les délices de milliers de lecteurs et de lectrices, les a fait rire, les a tenus en haleine. Il a existé et existe toujours dans leur imaginaire et dans le mien. Des lecteurs mainte-nant adultes viennent me voir pour me dire qu'ils ont conservé les romans, que je leur ai donné le goût de la lecture, que Notdog reste un très beau souvenir d'enfance. Un chien. Un animal, encore et toujours.

À ce moment précis, en finissant ce livre, et en regardant les étourneaux avaler avec délice la bouffe à chats déposée dans la nei-ge et le froid, je réalise que j'en ai écrit la première version alors que j'étais malade, très malade; parler de mes animaux pendant ma longue remontée vers la vie m'a permis de m'accrocher à ma plume. Ils m'ont donné la possibilité de retrouver peu à peu la capacité de revenir à la seule chose que je sache faire, écrire.

Même disparus, ils ont été un souffle de vie, un lien avec cette planète dont je fus pendant plus d'un an fort loin et que j'ai eu peur de quitter bien jeune. Ils se sont imposés à moi, dans leur généro-sité.

Je crois que la vie n'a d'autre objectif que de se perpétuer el-le-même, que chaque vie, chaque mort, est le combustible de cette force qui brûle pour la beauté de ce qu'elle est, simplement là. À chacun de brûler dans ses propres joies. Vous avez compris la source de grand nombre des miennes.

Il y a bien longtemps, quand mon fils était tout petit, nous som-mes allés en visite chez ma sœur qui possède Chipie, le perroquet. En entrant, Chipie a dit à Thomas «Allo!». Il s'est retourné vers moi en s'exclamant : «Tu vois, maman! Je te l'avais dit que les animaux parlaient!»

Oui, mon cœur, ils parlent.

Entendez-vous?

ÉPILOGUE :

QUELQUES MOIS PLUS TARD...

J'ai un nouveau pensionnaire, Brandy. C'est un chien de berger australien qui m'est tombé dessus par hasard: entre l'euthanasie et moi, il a opté pour moi. Il a six ans, est d'un calme modèle, ne jappe pas, marche au pied, n'embête ni les chats, ni les écureuils, ni le lapin et peut faire 14 heures de suite sans sortir. Bref, le rêve, mis à part quelques petits bobos que la vétérinaire s'est empressée de soigner. Tout semble guérir: la plaie sur le nez car il essayait de sortir de son enclos où il était enfermé toute la journée; le kyste sur la fesse qu'on a dû opérer; l'infection. Et le poil repousse. Il y avait tant de nœuds dedans qu'il a fallu raser Brandy complètement pour que la vet soit capable d'entendre son cœur! Ne restent que les crocs cassés, le bec de lièvre, la moitié de l'oreille arrachée et la patte faible, pour lesquels il n'y a rien à faire. Bref, ce chien est un ange, et en attendant l'apparition des ailes, c'est le gras qui pousse.

Je sais, j'avais juré qu'il n'entrerait plus d'animaux dans la maison. Mais pratiquement toutes les résolutions de ma vie n'ont pas tenu : c'est peut-être ce qui l'a rendue si palpitante…

TABLE DES MATIÈRES

DU MÊME AUTEURE

Aux éditions de la courte échelle:

Collection Histoire et jeux :

   BÉBÉ ET SES AMIS, 2002, pour les enfants de 4 à 6 ans

Collection Premier Roman, pour les 7-8 ans

   AU REVOIR, CAMILLE! 2000, traduit en Coréen, Prix spécial du jury, Fondation Espace-Enfants, Suisse 2000, le livre «que chaque enfant devrait pouvoir offrir à ses parents».

   LE CONCERT DE THOMAS, 2001

   MA MÈRE EST UNE EXTRATERRESTRE, 2002

   JE SUIS THOMAS, 2003

   L'AUDITION DE THOMAS, 2006

Collection Roman Jeunesse, pour les 9-12, Série Notdog :

   LA PATTE DANS LE SAC, 1987, traduit en chinois, espagnol, grec, édité chez Épigone, France, 2001

   QUI A PEUR DES FANTÔMES?, 1988, traduit en chinois, espagnol, italien, édité chez Épigone, France, 2001

   LE MYSTÈRE DU LAC CARRÉ, 1988, traduit en chinois, espagnol, édité chez Épigone, France, 2001

   OÙ SONT PASSÉS LES DINOSAURES? 1990, traduit en chinois

   MÉFIEZ-VOUS DES MONSTRES MARINS, 1991, traduit en chinois, grec

   MAIS QUI VA TROUVER LE TRÉSOR?, 1992, traduit en chinois, espagnol, italien

   FAUT-IL CROIRE À LA MAGIE? 1993

   LES PRINCES NE SONT PAS TOUS CHARMANTS, 1995

   QUI VEUT ENTRER DANS LA LÉGENDE? 1996

   LA JEUNE FILLE VENUE DU FROID, 1997

   QUI A DÉJÀ TOUCHÉ À UN VRAI TIGRE? 1998

   PEUT-ON DESSINER UN SOUVENIR? 1999

   LES EXTRATERRESTRES SONT-ILS DES VOLEURS? 2000, édité chez Épigone, France, 2001

   QUELQU'UN A-T-IL VU NOTDOG? 2001

   QUI VEUT ENTRER DANS LA PEAU D'UN CHIEN?, 2002

   AIMEZ-VOUS LA MUSIQUE? 2004

   L'HÉRITAGE DE LA PIRATE, 2005

Collection Roman Plus, pour adolescents :

QUATRE JOURS DE LIBERTÉ, 1989 traduit en arabe (Égypte)

LES CAHIERS D'ÉLISABETH, 1990, traduit en arabe, (Tunisie) finaliste Prix Alvine-Bélisle de l'ASTED, 1991

LE LONG SILENCE, 1996, traduit en allemand (édition cartonnée et poche) et en chinois, en tête du palmarès de la Livromanie, 1997, Lauréat du prix Brive-Montréal 12/17, 1996, Finaliste aux prix du Gouverneur Général, littérature jeunesse, 1996, présélection du prix Totem du livre jeunesse, France, 1996

Romans pour adultes :

LE JEU DE L'OIE, PETITE HISTOIRE VRAIE D'UN CANCER, 192 pages, 2003, finaliste au Prix Archambault.

VOYAGE À LOINTAINVILLE, 204 pages, 2004, finaliste au Prix Archambault

RETOUR À LOINTAINVILLE, 200 pages, 2005

Éditions Leméac

T'AS RIEN COMPRIS, JACINTHE, 137 pages, 1982

Éditions Triptyque

BONNE NUIT, BONS RÊVES, PAS DE PUCES, PAS DE PUNAISES, 153 pages, 1995, édition poche 1996, finaliste au Prix des Libraires

Nouvelles

Éditions Québec-Amérique Jeunesse

LA PREMIÈRE FOIS, collectif, Nouvelles, 1991

LE PÈRE SURPRISE, revue Coup de Pouce, Noël 2003

QU'EST CE QUE TU MANGES POUR ÊTRE MARGINALE DE MÊME? revue Moebius, 2004